Aufsätze über Alchemie

zusammengefasst
Johannes H. von Hohenstätten

Mein Dank geht an Peter Windsheimer für das Design des Titelbildes. Des Weiteren an Ariane und Michael Sauter.

Für Schäden, die durch falsches Herangehen an die Übungen an Körper, Seele und Geist entstehen könnten, übernehmen Verlag und Autor keine Haftung.

Herstellung und Verlag:
BoD – Books on Demand, Norderstedt
ISBN 978-3-7322-4903-9

Inhaltsangabe:

1. Das Lebens-Elixier... 4
2. Alchemisten-Schicksale..28
3. Der Alchemist..33
4. Alchemisterei in Alt-Wien..................................... 36
5. Vom trinkbarem Golde der Alchemisten.............. 39
6. Exoterik und Esoterik... 46
7. Transmutation... 56
8. Parabolische Aussprüche...................................... 69
9. Sieben alchemistische Operationen...................... 73
10.Der Wert der Spagyrik.. 80
11.Thomas von Aquino und die Alchemie..................92

1. Das Lebens-Elixier

Sindbad

Das Endergebnis des Magnum Opus – des hohen Werkes der alchimistischen Adepten ist der so viele Namen führende Stein der Weisen (Lapis philosophorum). Von seinem rechten Namen im magischen Sinne, der dem Sucher sein wahres Wesen klarlegen würde, sagte Rosinus, „dass alle Philosophen lieber sterben würden, als den Stein mit seinem rechten Namen zu nennen". In geeigneter Auflösung ergibt der Stein der Weisen eine Panacee des Lebens, die rote Tinktur, das sogenannte Lebens-Elixier. Dr. Gerard Encausse, der sich in zahlreichen, weitverbreiteten okkulten Werken unter dem Pseudonym Papus das Verdienst erworben hat, mit seinem unerreichten Vulgarisationstalente unter allen Zeitgenossen in klarster Weise das Sehnen nach höherer Erkenntnis zu befriedigen, schrieb unter anderen folgendes über den Lapis philosophorum: „Der Stein der Weisen bildet ein energisches Reinigungs- und Stärkungsmittel für das Blut und heilt, innerlich genommen, jede wie immer geartete Krankheit. Auf Pflanzen angewendet lässt er sie in wenigen Stunden wachsen, reifen und Früchte tragen. Geschmolzenes Blei oder Quecksilber, auf das man eine entsprechend Menge des Steines in Pulverform wirft (projiziert), wird in Gold verwandelt. Diese drei Wirkungen bilden eigentlich nur eine einzige: Erhöhung der Lebenskraft. Der Stein der Weisen ist also ganz einfach eine gewaltige Kondensation von Lebenskraft in einer kleinen Menge von Materie. Daher haben auch die Alchemisten den Stein der Weisen „die Medizin der drei Reiche" genannt!

Zu den sich mit Adlerschwingen über die Erkenntnisse der Schulweisheit unserer Zeit hoch emporhebenden Werken gehören Bulwers „Zanoni", „Eine seltsame Geschichte" und „Das Geschlecht der Zukunft", die in gewissem Sinne auch als wahre Einweihungsschriften eines hermetischen Kenners und Könners gelten dürfen, der wahrscheinlich ein echter Rosenkreuzer war und daher viel mehr wusste, als er der Allgemeinheit mitteilen durfte. Im unvergleichlichen, unerreichten Romane „Zanoni", der dem gewöhnlichen „aufgeklärten" Leser wohl als ein mystisch-romantischer Ausflug dichterischer Phantasie in ein übernatürliches, von unserer sinnlich wahrnehmbaren Welt sehr verschiedenes Reich erscheinen muss, wird über die Wirkungen und Gefahren des Lebenselixiers recht

deutlich geschrieben, während das in der „Seltsamen Geschichte" über dessen Gewinnung Dargelegte meist symbolisch aufzufassen ist. Die von Bulwer geschilderten Adepten und Neophyten der verschiedenen Richtungen, ihre Lehren, Handlungen und Schicksale, ihre Gewalt über Menschen und Naturvorgänge sind nicht bloße Studierstubenschöpfungen einer zügellosen Phantasie, die auf der Jagd nach literarischen Erfolgen mit dem Sensationsbedürfnis der Massen rechnet; auch nicht das Ergebnis bloßen Bücherstudiums, sondern von einem Kenner und Könner aus eigener Erfahrung geschaffene jederzeit bestehende Typen, die aus diesem Grunde mit der Kraft eines lebendigen Wortes wirken. Als Beleg für das magische Können Bulwers wiederhole ich hier die wenig bekannte Erzählung des Verfassers der „Autobiography of a Magician", der sich nach einer Vision im Kristall entschlossen hatte, den Autor des „Zanoni" um die Einweihung in die praktische Magie zu bitten. Beim Gewähren dieser Bitte sagte ihm Bulwer: „In der dritten Nacht von heute werde ich Sie besuchen". Am dritten Abend nach dieser Unterredung war der Lernbegierige in seiner Wohnung und erwartete lesend den Meister. Als er von seinem Buche aufblickte, sah er im Lehnstuhl, gegenüber am Kamin, eine schattenhafte Form, die sich immer mehr verdichtete, bis sie schließlich klar erkennbar Bulwers Gestalt annahm. Er erhob sich, um dem Angekommenen die Hand zu reichen; als er aber der Gestalt fast zum Berühren nahe gekommen war, verschwand sie. Der Einzuweihende, welcher noch nie ein derartiges Phänomen wahrgenommen hatte, blieb eine Weile erstaunt stehen, nachdenkend, was er nun beginnen solle. Da wisperte eine Stimme, so nahe seinem Ohre, dass er den warmen Hauch des Atems zu verspüren meinte: „Komme"!
Er wandte sich rasch um, in der Richtung, aus der die Stimme erklungen war, sah jedoch nichts. Da entschloss er sich, Bulwer in seinem Hotel aufzusuchen und begab sich in die dorthin führende Straße. Als er an der Stelle angekommen war, wo er eine scharfe Wendung in der Richtung des Hotels zu machen hatte, sprach die geheimnisvolle Stimme wieder dicht an seinem Ohr: „Gehe gerade vorwärts!"
Als er einige Minuten dieser Anweisung gefolgt war, befahl die Stimme: „Quer hinüber", und so weiter geleitet gelangte er schließlich an einen Ort, wo er am wenigsten erwartet hätte, Bulwer anzutreffen. Als er in das Zimmer eintrat, fand er Bulwer inmitten eines mit roter Kreide auf dem Fußboden gezeichneten Pentagramms stehend, in der Hand einen gegen ihn gerichteten Stab haltend. Der Magier fragte den Einzuweihenden, ob er

seinen Entschluss reiflich erwogen habe und nun zur Ausführung bereit sei. Auf die bejahende Antwort musste der Lehrling den Eid des Gehorsams und der Verschwiegenheit eines Neophyten der hermetischen Loge von Alexandrien leisten.

Auch in verschiedenen Zweigen der Mantik hat Bulwer wiederholt seine Meisterschaft erwiesen. Bekannt und auch in der „Occult Review" erwähnt ist seine auf onomantischem Wege gemachte Voraussetzung der glänzenden Laufbahn Disraelis zu einer Zeit, wo derartiges keineswegs zu vermuten war.

Die nachfolgenden, in Bulwers „Zanoni" über das Lebenselixir ausgesprochenen Anschauungen stimmen, abgesehen von einigen rein materiellen Äußerlichkeiten, mit den wirklichen Adeptengeschichten überein. Die Romanform für seine Offenbarungen hatte der große Pionier des Okkultismus wahrscheinlich deshalb gewählt, um die überhaupt mitteilbaren hermetischen Lehren und Warnungen mit größter Klarheit den weitesten Kreisen der Wissensdurstigen zugänglich zu machen und doch dabei, was nur angedeutet oder verborgen werden sollte, gebührend zu verschleiern. In einer Unterredung mit dem die Einweihung in die Geheimnisse des Rosenkreuzer-Ordens anstrebenden Glyndon berichtigt Mejnour, der ausschließlich in der reinen Erkenntnis und Einsicht lebende Adept, einige der landläufigen Irrtümer über das Lebenselixir mit folgenden Worten: „Wir besitzen, mein Jünger, keine Künste noch Hilfsmittel, vermöge deren wir uns dem Sterben durch eigene Wahl oder dem Tode durch den Willen des Himmels zu entziehen vermögen. Alles, dessen wir in dieser Hinsicht uns rühmen dürfen, ist nur dies: Die Geheimnisse des menschlichen Leibes entdeckt und bis ins Kleinste ausgefunden zu haben, zu wissen, weshalb manche Teile sich verknöchern, warum die Organe versagen, weshalb der Kreislauf des Blutes gestört ist und dann – das ist die Hauptsache –, den Wirkungen der Zeit beständig mit prophylaktischen Mitteln zuvorzukommen. In unserem Orden gilt dasjenige Wissen als das edelste, das den Geist in die hohen Regionen der Erkenntnis emporträgt, dann folgt dasjenige, das den irdischen Leib kräftigt und erhält. Aber die bloße Kunst, die die Lebenskraft wieder herstellt und die Fortschritte des Verfalles aufhält, oder das edlere Geheimnis, durch das die Hitze oder der Wärmestoff nach Heraklits weiser Lehre das Urprinzip aller Dinge – zum beständigen Verjüngungsprozess des tierischen Daseins kann verhalten werden, dies alles würde noch nicht ausreichen, um das Erdenleben zu sichern und auszudehnen. Lasst es Euch ein für allemal sagen, dass die bescheidensten und niedrigsten Hervorbringungen der Natur diejenigen sind, aus denen die herrlichsten, unvergleichlichen Kräfte und Wirkungen sich schöpfen lassen."

In einer anderen Unterredung verweist Mejnour auf die hyperphysischen Wirkungen des Elixirs: „Eben jenes Elixir, das alle Lebenstätigkeiten bis zum äußersten erhöht und zur Vollkommenheit emporträgt, schärft die Sinne so, dass jene Larven der Luft dir sichtbar und hörbar werden, so dass, wenn man nicht Grad um Grad die Kunst gewonnen hat, jene Phantome zu ertragen und ihre Bosheit zu überwältigen, das Leben des also Begabten sich zur Höllenqual gestalten müsste . . . Glaube mir, nur die schärfsten Prüfungen machen den Jünger fähig, es sich aufzunehmen; für den Unvorbereiteten ist das Elixir das tödliche Gift."

Als Glyndon gegen das Verbot des abwesenden Mejnour dessen Gemach betrat, fand er dort ein großes Buch aufgeschlagen, dessen Chiffrenschrift er früher einmal mit großer Mühe zu entziffern versucht hatte. Die ihm verständlichen Sätze lauteten: „Das innere Leben genießen, heißt das äußere Leben ergründen; der Zeit zum Trotz sein Leben fortführen, heißt im Ganzen leben. Wer das Elixir entdeckt, ergründet das Geheimnis des Weltenraums; denn der Geist, der den Körper belebt, schärft die Sinne. Das elementare Prinzip des Lichtes besitzt Anziehungskraft. In den Lampen der Rosenkreuzer bildet das Feuer das reine, elementare Prinzip. Zünde die Lampe an, während du das Gefäß öffnest, welches das Elixir enthält, und Licht wird die Wesen anziehen, deren Leben jenes Licht ausmacht."

Als dann Glyndon mit zitternder Hand den Stöpsel aus dem Kristallgefäße zog, in dem sich das Elixir befand, verbreitete sich unverweilt ein köstlicher Wohlgeruch durch das Zimmer. Eine Empfindung überirdischer Wonne, eines neuen, ungeahnten Daseins durchlohte seinen Körper. Kurz darauf blickte Glyndon in einen Venetianer-Spiegel. Da schien seine Gestalt gewachsen, seine Augen leuchteten, seine Wangen blühten von Gesundheit und innerer durchdringender Wonne.

In der darauf folgenden Nacht begab sich Clyndon zum zweiten Male das ihm verbotene Adeptengemach, mit dem zu seinem Verhängnis führenden Vorsatze, dem großen Buch die Geheimnisse zu entreißen, deren letzte Tiefen ihm bisher immer vorenthalten worden waren. Da fand er folgende Anweisung: „Wenn der Lehrling so eingeweiht und vorbereitet ist, dann lasse ihn das Fenster öffnen, die Lampen anzünden und seine Schläfen mit dem Elixir waschen. Er hüte sich, in törichter Vermessenheit den flüchtigen und feurigen Geist an die Lippen zu bringen. Selbst nur davon zu kosten,

ehe wiederholte Einatmung den Körper allmählich an die verzückende Flüssigkeit gewöhnt hat, hieße nicht Leben, sondern den Tod sich holen." In Mejnours Abschiedsbrief, den gefallenen Lehrling von jeder weiteren Einweihung ausschließt und dem verdienten Schicksal im gewöhnlichen Menschengetriebe überlässt, kommen folgende Stellen vor: „Wie sind die Betrüger und Zauberer früherer Zeiten untergegangen, eben durch ihre Versuche, in die Mysterien einzudringen, die reinigen und nicht herabwürdigen sollen! Sie haben sich des Steins der Weisen gerühmt und sind in Lumpen gestorben, des Elixirs der Unsterblichkeit, und sind vor der Zeit grau ins Grab gesunken. Die Sage erzählt, dass der böse Feind sie in Stücke gerissen habe. Ja, der böse Feind ihrer eigenen unheiligen Wünsche und verbrecherischen Anschläge! Ich überlasse dich deiner Dämmerung. Aber zu deinem eigenen Verderben, Ungehorsamer und Profaner, hast du das Elixir eingeatmet; einen gespenstischen und erbarmungslosen Feind hast du angezogen und in deine Nähe gelockt! Nur unter steter Seelenqual und furchtbaren Anstrengungen kann es dir gelingen, dir die Freuden und die Ruhe jenes Daseins wiederzugewinnen, dem du in deiner Selbstüberhebung so leichtsinnig den Rücken gekehrt hast. Zu deinem Troste will ich dir dies eine sagen: Wer von der flüchtigen, lebenskräftigen, ätherischen Essenz jemals, und sei es auch noch so wenig, in seinen Organismus aufgenommen, so wie du es getan, hat dadurch Kräfte in sich erweckt, die niemals wieder zur Ruhe gelangen können. Solche Kräfte, mit deren Hilfe es ihm vergönnt sein kann, bei demütiger, ausharrender Geduld und bei unentwegtem Mute (ich meine damit den entschlossenen Mut eines tugendhaften Geistes und nicht bloß den physischen Mut, wie auch du ihn besitzt) hohe Auszeichnung auf der Laufbahn der Menschen zu erwarten, wenn auch die Erkenntnis, die droben herrscht, ihm versagt bleibt."
Soweit Bulwer! Gefahren, die aus dem Lebenselixir dem Unwürdigen und Unvorbereiteten erwachsen können, habe ich in dem Maße, wie sie der weise Mejnour betonte und der törichte Glyndon an sich erfahren musste, in keiner der zahlreichen Schriften alchemistischer Adepten vorgefunden, wohl aber verschiedene Warnungen über den zu ausgiebigen Gebrauch, der, ebenso wie eine große, mächtige Flamme ein kleines Flämmchen in sich aufnimmt und als gesonderte Einheit verschwinden macht, auch das Lebenslicht des Unvorsichtigen verzehren würde. Die allermeisten Adeptenschriften schweigen entweder ganz oder sprechen nur sehr kurz über die Gefahren des Elixirs, wahrscheinlich weil es dem Gedankengange der Verfasser ganz selbstverständlich erscheint, dass bei dem grundsätzlich

so überaus strenge beobachteten Schweigen nur ein zur Einweihung Würdiger, gründlich Vorbereiteter in den Besitz und vollen Gebrauch des Elixirs gelangen kann.

Die von Adepten an erkrankten Personen vollbrachten raschen, gründlichen, wie ein Wunder anmutenden Heilungen waren stets ohne verhängnisvolle Nachwirkungen. Dies ist wohl dadurch erklärlich, dass es sich hier nur um den Gebrauch des Elixiers in einer bis zur psychischen und astralen Wirkungslosigkeit abgestuften Verdünnung und Milderung gehandelt haben kann.

Und nun zum näheren Vergleiche der Aussprüche Mejnours mit den Angaben von wirklichen Adeptenschriften, nicht von dem wie Unkraut wuchernden Geschreibsel ungezählter Sophisten und Charlatane, in dem der größte Aberwitz dicht neben dem Betruge wohnt, was ja, da die Welt bekanntlich betrogen sein will, von der Einfalt am gierigsten verschlungen wird. Kaum etwas ist schwieriger als das richtige Verstehen alchemistischer Adeptenschriften, trotz aller hierfür geschriebenen Anleitungen. Denn wenn sich auch alle Adepten ziemlich übereinstimmend über die gesetzmäßigen Grundlagen der Alchemie aussprechen, so beschreiben sie doch die zum Beginne des Magnum Opus erforderliche wahre Materie in ganz irreführender oder gründlich verschleiernder Weise; meist derart, dass mehrere Auslegungen möglich sind, das Richtige in ganz unauffälliger Fassung dort vorkommt, wohin es nicht gehört, so dass sich nur der Eingeweihte zurechtfinden kann. Über die Arbeitsdurchführung – den Modus operandi – suchen die Adepten den unvorbereiteten Forscher durch unrichtige Angaben über die Reihenfolge der Arbeiten, Weglassung wichtiger und Einschiebung unnötiger Operationen, falsche Gewichts- und Zeitangaben irrezuführen, während die Wahrheit gerade dort zu finden ist, wo sie an unauffälliger Stelle am dunkelsten dargeboten wird. Dazu sind die Adepten oft sehr verschwenderisch mit hieroglyphischen Figuren, mythologischen oder astrologischen Umschreibungen, Allegorien, vor allem aber in der Erfindung neuer Namen, die mit verschiedenen Erscheinungen bei den einzelnen Arbeitsphasen in äußerlichem Zusammenhange stehen.

Sehr glaubwürdig klingt daher die Versicherung des Pontus, dass er mit voller Kenntnis der wahren Materie nach den Anweisungen. der Adeptenschriften zu Werke gegangen sei und dennoch zweihundert Mal von neuem beginnen musste, weil er nicht gewusst habe, was unter dem „geheimen Feuer der Philosophen" zu verstehen sei. Dennoch meint

9

Mundanus, dass der Suchende, wenn er einmal im Lesen von Adeptenschriften große Übung erlangt hat, „die Wahrheit darinnen klärlich, obgleich nicht zusammen an einem Orte, sondern in den verschiedensten Werken verstreut, völlig finden kann; nur müsse er wiederholt einen Satz mit dem anderen, ein Buch mit dem anderen zusammen vergleichen, denn was ein Autor auslässt, das hat ein anderer, was an einem Orte verschwiegen worden, steht an einem anderen, und mehr kann man billig von den Philosophen nicht verlangen."

Nach diesen Darlegungen erscheint es selbstverständlich, dass wir uns auf wenige Ausführungen besonders aufrichtiger Adepten beschränken müssen, die über die Anwendung und Wirkungen des Elixiers ganz deutlich, wenn auch nicht in allem ganz übereinstimmend schrieben.

Mit Mejnours Ausführungen lassen sich noch am ehesten die Ausführungen einer 1783 gedruckten Adeptenschrift in Einklang bringen, die sich auch über das mit dem Elixier als Medizin der drei Reiche zu bewirkende sehr eingehend ausspricht. Nachdem der Verfasser die Eigenschaften des Steines in seiner Natur und Anwendung als „unendlich" hervorgehoben hat, erklärt er, sich nur auf „generelle" Angaben über die Wirkungen beschränken zu müssen, schildert die „Projektion" auf Metalle, die „Applikation" auf Glas, wodurch dieses biegsam, ausdehnbar und mit Werkzeugen bearbeitbar wird, die Erzeugung von Edelsteinen aus Kieseln und die Bereitung des Öles der auch in „Zanoni" erwähnten ewigen Lampe der Rosenkreuzer. An medizinischen, psychischen und astralen Wirkungen ist erwähnt: „Zur Gesundheit hilft der Stein, ehe er fermentiert worden, also: Er muss mit Behutsamkeit in Wein solviert werden und dann, wenn er genugsam diluiert ist und keine andere Farbe als die gelbe seinem Vehiculo gibt, kann in allen Krankheiten ein Löffel voll des Morgens eingegeben werden. Bei unheilbaren Krankheiten aber muss 12 Tage kontinuiert werden. Bei den äußeren Krankheitserscheinungen sollen die Schäden mit dem Öl des Lapidis 9 Tage lang gesalbt werden. Desgleichen wirket er auch eine ganze Verjüngung und Veränderung in der Natur, wenn er neunmal hintereinander in Brühe von Vipernfleisch, einen halben Gran schwer, eingenommen wird, ja alle Schwachheit der Glieder wird behoben, wenn man sich neun Tage hintereinander die Schläfe des Hauptes damit streicht, wodurch zugleich ein großes Gedächtnis und heller Verstand erweckt wird, und dies ist auch auf das Regnum animali zu extendieren. Der allervortrefflichste Effekt ist: dass dieses Werk die Erlangung der höchsten Weisheit des Himmels und der Erde zuwege bringe, denn 1. daraus die Erschaffung des Himmels und der Erden begreiflich gemacht wird; 2. die ganze Oeconomia des Globi terrestri sich einem vor die Augen stellt; 3. aller Adeptorum Gemeinschaft und Konversation zuwege gebracht wird."

Dann wird erwähnt, „dass durch die Rubintafel ein solcher Naturspiegel zu verfertigen ist, dadurch man nicht allein alles, was unter dem Mondkreis, im Wasser und unter der Erde sich befindet, und wie ein jedes sein Wachstum, Qualität und Wirkung habe. Auf Smaragd appliziert wirket es ein Pentaculum, dadurch Leib, Seele und Geist gereinigt und erleichtert wird, wodurch er fähig wird, alle großen Geheimnisse zu empfangen und zu verstehen. Auf einen Saphir appliziert gibt es eine (magische) Kugel, wodurch der Menschen Gedanken und ihr Gemüt deutlich zu erforschen sind. Auf Perlen gelegt kann man einen Spiegel dadurch erlangen, worinnen alles Vergangene und Künftige nach jeder Gemüts-Impression zu ersehen ist."

Besonders beim medizinischen Gebrauch empfiehlt der Verfasser Vorsicht und Wirkungsmilderung, womit auch die Warnung des 1771 gedruckten Adeptenwerkes „Der hermetische Nordstern, oder getreuer Unterricht und Anweisung, wie zur hermetischen Meisterschaft zu gelangen" mit den Worten übereinstimmt, „dass das Elixier in genügende Menge die besten Wirkungen habe, wohingegen bei großen Quantitäten der Tod folgt".

In einer auch in deutscher Übersetzung erschienenen Arbeit von Nikolaus Flamel erzählt dieser Adept, dass ihm schon zur Zeit, als er noch ein Suchender war, von einem Kenner der Stein als eine Universalmedizin, Arcanum Naturae, geschildert wurde, mit welchem man nicht allein alle Krankheiten zu heilen und unvollkommene Metalle in Gold oder Silber verwandeln, „sondern auch andere Miraculi präsentieren kann".

Das Geheimnis erlangte aber der von seinen Feinden verleumderisch des Rentendiebstahls beschuldigte arme Stadtschreiber Flamel hauptsächlich durch das mit seiner getreuen Personella zusammen betriebene Studium des hieroglyphischen Buches von Abraham dem Juden.

Johannis Isacus Hollanaus, ein Adept, der nicht für Suchende schreibt, sondern für solche, die schon das Licht gefunden haben, eröffnet manche bei anderen fehlende Geheimnisse. In seiner Schrift „Die Hand der Philosophen mit ihren verborgenen Zeichen" wie auch im „Opus Saturni usw." gibt er genau die Auflösung des Steines und seine streng dosierte Verwendung „als innerliche Leibartzney" an, beschreibt eingehend die medizinischen sowie hyperphysischen Wirkungen und lässt es auch nicht an Warnungen fehlen für die Unvorbereiteten und Unwürdigen.

11

Verschiedene Adepten haben wenigstens die medizinische Wirkungsweise des Elixiers zu erklären versucht, u. a. der Verfasser der Schrift: „Von der Natur und Kunst, ein Danksagungsschreiben an den erleuchteten Verfasser des hermetischen A. B. C." Auch ein in den Werken Flamels aufgenommener Brief des Theodor Mundanus erwähnt außer den physischen Wirkungen des Elixiers, dass damit noch viel Wunderbares vollbracht werden kann und „dass seine Anwendung der Philosophen Geist und Begierden dermaßen emporhebe, dass sie zeitliche Dinge nur genießen, als genössen sie sie nicht, und gar kein Vergnügen weiter haben als die wunderbare Nachforschung der Natur und des großen Urhebers dieser Mysterien, als welche dem Menschen solche Wissenschaft gegeben und in die Materie eine solche Gewalt."

Eine aus dem 17 Jahrhundert stammende Handschrift: „Ernstliche und gründliche Unterweisung über die Universale Medicina vom Stain der Weysen, wie derselbige aus dem rechter Ursprungsgrund und natürlichen Wurzel gemacht soll werden" lässt darauf schließen, dass auch Paracelsus Besitzer des Lebenselixiers war. Ein Satz dieser Handschrift lautet nämlich: „Wie obgemeldet dannenhero Paracelsus den roten Lewen (die rote Tinctur) besaß." Paracelsus selbst hat in einer wenig bekannten Druckschrift: „De lapide Philosophorum" und in dem gleichfalls gedruckten Traktat: „De Tinktura Physicorum" angedeutet, seine schwierigsten, überraschendsten Kuren eigentlich mit verschiedenen durch den Lapis philosophorum heilkräftig gemachten Kräutertinkturen vollbracht zu haben. Im fünften Buch seiner „Archidoxen" schreibt er: „Der Stein der Philosophen verrichtet seine Wirkungen auf folgende Weise: „Nemlich gleichwie das Feuer, wenn es die fleckichte Haut des Salamanders auswendig verbrennt, solche ganz rein macht, als käme sie erst neu auf die Welt: Also reiniget auch dieser Stein der Philosophen den ganzen menschlichen Leib von allen seinen Unreinigkeiten durch Einführung junger und neuer Kräfte die er der Natur des Menschen beyfüget."

Keine der durch Druck bekannt gewordenen Schriften des großen Paracelsus erwähnt jedoch irgend etwas über die Bereitung des Steins der Weisen oder gar über das mit Hilfe des Lebenselixiers bei Anwendung eines entsprechenden magischen Rituales auf metaphysischem Gebiete Erreichbare. Es war mir nun durch eine Verkettung günstiger Umstände möglich, Einblick in fünf Paracelsus-Briefe zu nehmen die in einer wenig zugänglichen Handschriftensammlung in Abschrift vorliegen. Einer dieser

Briefe „eröffnet dem Herrn Bartholomaeo Krondorfer und dem Signor Jana das Geheimnis, wie die Metalle zu gutem Sol und Luna mögen gebracht werden." Ein Satz dieses Briefes enthält die Prophezeiung: „So wird doch meine Wahrheit in den besten Zeiten dieser Welt blühen und den Unständigen kund getan werden, damit sich auch die Landstreicher mit ihrer Practica verkriechen werden und das Licht meiner Wahrheit scheinen wird."

Die anderen vier Briefe sind an den „erbaren und kunstreichen Meister Ulrich Beck in Wien" gerichtet dem der Verfasser „von Gott dem Allmächtigen alles gute zuvor" wünschte. Der erste dieser Briefe handelt von der „Heilung der zauberischen Schäden durch Philipp Theoprastum Paracelsum". Der zweite Brief beginnt: „Lieber guter vertrauter Freund, damit Du . . . folget ein Modus, so ich Theoprastus Bombast selbst gearbeitet an der Tinctur und dieses schenke ich Dir, mein Discipel, wenn Du zum End der Tinctur kommst, zum neyen Jahr und zu einem seeligen Andenken, dass Du magst alles, so im Himmel und Erden und **vier Elementen** ist, erfahren und durch dieses einzige Mysterium, so Du die Tinctur hast, ersehen kannst, was unter und ober der Erden."

Dann folgt eine Angabe der für die Arbeit günstigen astrologischen Positionen und die Anweisung, für die Durchführung nur jenen Wochentag zu wählen, an dem der Betreffende das Licht der Welt erblickt hat; ferner die Anleitung über die Wahl und Einrichtung des Arbeitsortes, die erforderlichen Utensilien und die Mischungsverhältnisse der verschiedenen Ingredienzen. Hierauf folgt die Anleitung: „Willst Du nun dieses Dir geschenkte und gelehrte Arcanum brauchen, so siehe, dass Du Dich vorher 9 Dag bereitest durch Reinigung Deines Leibes und messigkeit der Speiß und des Trunkhes, auch dass Du das Gemüth rein haltest mit beten (=Übungen! Der Hrsg.)."

Ergänzt wird dies durch genaue Angabe der erforderlichen magischen Räucherungen und des magischen Rituales für die Herbeirufung und spätere Entlassung gewisser höherer Intelligenzen (Vorsteher), die, wenn der „Operierende richtig prozediert und alles auf das Beste bereitet und proportioniert, ihn alles lehren, so viel sie im Vermögen haben":

Unter den für die magische Anweisung zu gebrauchenden hebräischen Namen (=Quabbalah! Der Hrsg.), „deren Dugend unerforschlich, sintemalen sie die höchsten und größten sein, mit welchen die Hebreer und Egyptier wunder gemacht und gestiftet haben", ist auch einer, dem der Held in Bulwers Roman „Zanoni" eine besonders hohe Bedeutung beilegt, was dem Kenner besonders auffallen muss.

Auch hier sehen wir die praktische Anwendung der Vierheit: Astrologie (Astra=Stern=Sphären), Alchemie, Quabbalah und Magie als charakteristisches Kennzeichen des echten Adepten sowie des wahren Rosenkreuzers!

Bemerkenswert ist auch, dass Paracelsus die von bestimmten Ingredienzen zu gebrauchende Menge in einen gewissen Zusammenhang mit dem Horoskop (genau gesagt mit dem Geburtsgebieter) des Betreffenden bringt.

An einer anderen Stelle des zweiten Briefes heißt es: „Arbeite mit den sieben Fürsten, die werden Dir gleichermaßen verhilflich sein, und andere Gelegenheiten nimb nicht war, zu weit in die Höhe zu schreiten, sondern Du bekommst und wirst durch solche actiones und facta alles und jedes wissen, was Du begehrest. Doch sollest Du nicht gedenken, dass solche Geister solches aus ihnen selbsten haben, sondern durch die von Gott geschaffene und gegebene Kraft, Tugend und Wirkung; darumb Du Gott allein die Ehre geben sollst und ihm alle Zeit, Dag und Nacht Danksagung thuen.“

Paracelsus erwähnt auch „einiger Magi in Chaldäa und Persien, die durch dieses arcanum verzückht gewesen sind 14 Dag und Nacht, keinen Bissen gegessen und nicht getrunken haben und nach dieser Zeit stärker als vorher waren“.

Der dritte Brief handelt von „dem magischen arcanum, durch die „Materie“ zu erfahren, was Du willst durch den Schlaf“; dies erinnert an Mejnours Ausspruch, dass erst im Schlafe die wahre Einweihung beginnen kann. In diesen Briefe erinnert Paracelsus seinen Discipel: „Nachdem Du ohne Zweifel die materia zur Kenntnis haben wirst, wie ich Dir gezeigt hab . . . und lehrt später, ein Wasser daraus zu machen und allhier zu gebrauchen, das solchergestalt ist, dass Du erfahrest, was Du willst.“

Auch hier handelt es sich nicht bloß um den alchemistischen modus operandi, sondern auch um die Anwendung eines ganz bestimmten von Paracelsus eingehend gelehrten magischen Rituales (Runenmagie).

Der vierte Brief enthält u. a. auch Prophezeiungen über Schriften des Briefschreibers, „welche sollen gefunden werden zu seiner Zeit, die da tractiren von dem hohen Worte der Weisen und Alten“. Zum Schluss heißt es: „Ich begehre, dass Du auch meinetwegen, der Du diese Prophezeischrift findest, stillschweigest Sey nicht geschwind aufschreyend, sondern sey stumb, dass Du Dein Leben nit verschreiest. Wenn Du solches nicht übergehest und mir gehorchest, so wirst Du ein solcher Herr, dass Dir Dein

Herz und all Dein menschliches Gemüt selbst wohlgefalle." Für alle diese Briefe gilt, was Paracelsus seinem Jünger besonders hervorhebt: „Über dies kein Buch von meinen sämmtlichen Büchern, keine Schrift unther allen meinen Schriften nit ist, sondern das ist das höchste und vornembhellste zugleich in einem verfasst, dazu Dir Gott seinen Segen, Glückh zur Vollendung gedeyen lassen, in dem Namen der allerhöchsten Trinität und Majestät Gott des Vaters, Gottes Sohnes und Gottes heiligen Geiste, amen!"

Wie derartige Briefe in eine der Benutzung nicht verschlossene Handschriftensammlung gelangt sind, vermochte ich trotz alles Entgegenkommens nicht zu ermitteln. Keineswegs hatte sie Paracelsus zur Veröffentlichung bestimmt. Ich glaubte es daher dem Andenken des großen Adepten schuldig zu sein, nur jene kurzen Auszüge zu veröffentlichen, die einerseits meine sonstigen Darlegungen stützen, andererseits genügend sind, einen maßgebenden Schluss auf die Echtheit der betreffenden Dokumente zu ermöglichen.

Es wäre nutzlos, diesen leicht ins Ungemessene zu vermehrenden Belegen aus Adeptenschriften noch weitere anzufügen. Fast ausnahmslos lassen die Adeptenschriften den Denkenden das Walten der göttlichen Weisheit auch in der Richtung erkennen, dass das Lebenselixier seinem rechtmäßigen Besitzer die dreifache Macht der Weisheit, der Gesundheit und des Reichtums verleiht und solchermaßen den Menschen für immer der bitteren Notwendigkeit enthebt, sich an irgendeinen Staubgeborenen um irgendwelche Hilfe wenden zu müssen. Auch in jüngster Zeit sind mehrmals Nachrichten über noch lebende Besitzer des Lebenselixiers aufgetaucht. So enthält das Maiheft 1911 der okkulten Zeitschrift „Old Moors Monthly Messenger" einen von Snowdoo Hall gezeichneten Artikel „The Elixir of Life", welcher im Wesen, die im Märzheft der Review of Reviews enthaltenen Ausführungen des Mr. W. T. Stead wiedergibt. Dort heißt es u. a.: „Das Geheimnis des Elixiers, welches „El Zair genannt wird, befindet sich im Gewahrsam einer Dame, die auf bemerkenswerte Weise in dessen Besitz kam. Einer ihrer Freunde fiel durch sein jugendliches Äußere auf, obschon 70 Jahre alt, sah er nicht älter aus als vierzig. Er wurde bei einem Straßenunfall getötet, und unter den der erwähnten Dame vermachten wertvollen Dokumenten befand sich auch ein in arabischer Sprache geschriebenes. Die Übersetzung ergab, dass es ein Rezept des Lebenselixiers El Zair war. El Zair ist aus gewissen Kräutern zusammengesetzt, die nur auf den Höhen einiger, beinahe unzugänglicher Bergketten

Afrikas zu finden sind. Die abenteuerlustige Dame begab sich nach Afrika, um diese Kräuter zu holen und brachte eine geringe, aber hinreichende Menge zurück nach England. Das war vor drei oder vier Jahren. Seitdem hat sie El Zair mit wundervollen Ergebnissen versucht. Bei den an sich selbst angestellten Versuchen verschwanden ihre Runzeln und ihr gelichtetes Haar wuchs wieder zur verschwenderischen Fülle der Jugendzeit. Ihre Gesundheit wurde vollkommen und sie erlangte wieder den Schwung des Geistes, den sie für immer verloren geglaubt hatte. Unter denen, die nach ihr das Elixier versuchten, befand sich ein wohlbekannter Lebemann, hoch in den Sechzigern, der schon begonnen hatte, sich auf ein frühzeitiges Greisenalter einzurichten, infolge schwerer Rheumatismen kaum gehen konnte und dazu noch an teilweiser einseitiger Lähmung litt. Er versuchte El Zair, und nach nach 6 Monaten schon jagte er wieder auf großes Raubwild in den Dschungeln Asiens. Mr. Stead hat selbst El Zair nicht gründlich erprobt, aber er sagt, dass viele Herren und Damen es genügend wertvoll fanden, hunderte von Pfunden auszulegen, um sich dessen zu versichern. Sie alle sagen, es habe ihnen die Jugend erneuert und verspreche ihr Erdenleben ins Ungemessene zu verlängern.

Die Review of Reviews ist eine durchaus ernst zu nehmende Zeitschrift und Old Moors Monthly Messenger, der sich vorwiegend mit Astrologie beschäftigt, eine sehr gediegene okkulte Publikation. Der durch sein Geisterbüro Julia und sein tragisches Ende auf der „Titanic" in den weitesten Kreisen bekannt gewordene Mr. Stead war ein durchaus wahrheitsliebender, grundehrlicher, sehr verdienstvoller Forscher, dem irgendwelche Mystifikation seiner Leser ferne lag und der wohl ernst genommen zu werden verdient."

Bei aller Hochachtung vor seinem Andenken möchte ich mir nur die Hoffnung gestatten, dass keiner der Leser, die meinen bisherigen Ausführungen gefolgt sind, auch nur einen Augenblick glauben werde, es könne sich hier um das Lebenselixier der echten Adepten handeln. Die prima materia des durch entsprechende Auflösung des Lapis philosophorum gewonnenen Lebenselixiers wächst nicht auf afrikanischem Boden, und niemals noch ist ein paralytischer Lebemann in dessen Besitz gelangt, um sich nach verjüngtem Greisenalter wieder der edlen Raubtierjagd widmen zu können. Diejenigen, die „hunderte von Pfunden" auslegen wollen in der Hoffnung, sich dadurch des wahren Lebenselixiers zu bemächtigen, werden nicht auf ihre Kosten kommen; denn kein sogenannter Rostukreuzer kann damit auf den Marktplatz gehen, um es an reiche Lebemänner und Modedamen für die Münze der Cäsaren zu verschachern. Es ist nur von wahren Adepten um die Münze des Christus zu haben, jenes Christus, der die Händler aus dem Tempel gejagt hat.

Zweifellos gibt es Zubereitungen aus Kräutern, die mächtige Heil- und vielleicht auch gewisse Verjüngungswirkungen zu erzielen vermögen. Das alles ist jedoch weit entfernt vom Lebenselixire der wahren Adepten, die da sagen: „In diesem unseren roten solarischen und weißen lunarischen Sulphur liegt unsere ganze Kunst."

Es ist sogar fraglich, ob und inwieweit Kräuter als prima materia des Magnum Opus überhaupt in Betracht kommen. In der Handschriften-sammlung der Wiener Hofbibliothek befindet sich eine in französischer Sprache verfasste Schrift, die den Titel führt „L´oeuvre animale selon Artephius secret" und von einem Schüler Arnaldos von Villanova herrühren dürfte. Ich will daraus nur folgendes übersetzen: „Glaube nicht denjenigen, die da sagen, dass es unbedingt nur eine einzige prima materia gebe. Die einen behaupten, sie sei rein mineralisch, die anderen, sie sei rein vegetabilisch, und andere wieder, dass es nur diejenigen gäbe, die dem animalischen Reich entstammt. Jeder beharrt eigensinnig auf seiner Meinung und sie alle sind zu entschuldigen. Denn jeder von ihnen glaubte etwas Wahrhaftiges gerade nur in der Materie gefunden zu haben, die er als einzige pries. Der große Ausspruch der Philosophen ist wahr, dass es nur einen einzigen Stein gibt und eine einzige Medizin. Aber diejenigen, die beim Magnum Opus mit der prima materia aus einem einzigen der drei Reiche arbeiteten, haben fest geglaubt, dass alles, was aus den anderen Reichen stamme, nutzlos wäre."

Meinerseits füge ich noch folgende Betrachtungen über die Heilwirkung des Lapis bei; gestatten: In jedem Samenkorn schlummert eine ungeheure potentielle Energie, mehr als dies, in der kleinsten Eichel sind beispielsweise die Richtungs- und Gestaltungskräfte für den Aufbau der Jahrhunderte lebenden Rieseneiche verschlossen aufgespeichert. Auch dies ist Magie, sogar Magie in höchstem Maß! Das ewige schöpferische Wort selbst ist es, das als unsichtbarer, unwägbarer geistiger Keim in jedem wie immer gearteten Samenkorn wohnt. Sehr treffend ist daher eine kurze, alte Definition der Magie richtiger gesagt eines ihrer wichtigsten Gebiete, nämlich des Lebensproblems die da sagt: Magie heißt, Kräfte in Räume abschließen. Auch der Stein der Weisen entspricht vollstens dieser Anforderung im Sinne der zu Beginn angegebenen Kennzeichnung seines Wesens durch Dr. Gerard Encausse. Nebenbei bemerkt wird der Ausspruch über die Aufspeicherung von Kräften in Räumen auch für eine Reihe der neuesten technischen Probleme Gültigkeit haben. Wenn wir zur Anwendung der obigen Definition über das Wesen der Magie zurückkehren auf die Gebiete der höheren Naturwissenschaft, die nach du Prels Beweisen mit der Magie so ineinanderfließt, dass es keine scharfe Grenzlinie zwischen beiden gibt, so sehen wir, dass der größte Teil der Naturkräfte die, intellektuellen und physischen Kräfte des Menschen nicht ausgeschlossen das Bestreben hat, sich auszubreiten, zu verflüchtigen und zu verwehen. Daher sucht der auf psychischem Gebiete wirkende Magier ebenso wie der Yogi diesem Ausbreitungsbestreben durch Konzentration entgegenzuwirken, ganz so wie der Alchimist und der moderne Techniker bestrebt sind, im kleinsten Raume die größtmögliche Kraft zu entfalten.

Und nun bedenke man, welch ungeheure Kraft im Lapis philosophorum aufgespeichert sein muss, damit er beispielsweise in 7 1/2 Min. Quecksilber in Gold verwandelt, nach Versicherung der Adepten besser als das feinste Gold Arabiens. Zu diesem Umwandlungsprozess, wenn auch vielleicht auf anderem Wege, braucht die Natur höchstwahrscheinlich nicht Tausende, sondern Millionen von Jahren. Denn die ganze Natur ist, wie der weise Mejnour treffend sagt, das große Laboratorium, wo alles in seiner Verwandlung begriffen ist. Ein Satz, den auch der moderne Chemiker und Physiker heute ruhig als richtig unterschreiben kann, nachdem die Umwandlung der radioaktiven Substanzen wissenschaftliches Gemeingut geworden ist, woran kein Mensch mehr zweifelt. Dies alles vorausgesetzt, gestattet uns nun wieder, zur Erklärung der Heilwirkungen des Lapis philosophorum zurückzukehren. Wie allen Forschern bekannt, wird der Lapis philosophorum durch Auflösung in Wein oder Öl trinkbar gemacht, wodurch das echte Aurum potabile oder das Lebenselixier der Alchimisten entsteht. Dieser Feuertrunk, einem Kranken oder Siechen verabreicht, muss auch in dessen Organismus die denkbar größten medizinischen und physiologischen Wirkungen hervorrufen.

Denn was ist das Leben anders als eine stete Überwindung von zerstörenden Kräften aller Art? So wie das Licht die Finsternis zurückdrängt, so überwindet das Leben oder die Lebenskraft Krankheit, Alter und selbst den Tod. Es ist daher leicht einzusehen, dass die ungeheure konzentrierte Lebenskraft, die im Lapis philosophorum vorhanden ist, alle Schwächen, Unreinigkeiten, Gifte und sonstigen Krankheitsursachen auf astralen oder materiellem Wege in kürzester Zeit hinaustreibt. Das beweisen uns historisch beglaubigte, von Ärzten, wie van Helmont u. a.

beobachtete Heilungen mit dem Lapis philosophorum bzw. mit dem Aurum potabile. Stets erfolgte die Heilung in der Weise, dass nach dem Einnehmen des Aurum potabile heftiger Schweißausbruch und starke Stuhlentleerungen beobachtet wurden, wodurch dann alle Krankheitsstoffe herausgetrieben wurden, der Körper, das Blut und alle Säfte entgiftet und gleichzeitig neue Lebenskraft dem ganzen Organismus zugeführt wurde. Und zwar derartig, dass die langwierigsten chronischen Krankheiten und auch Alterserscheinungen in 9 bis 12 Tagen oder höchstens in einem Monat radikal beseitigt wurden und sich der Mensch in jeder Weise wie neugeboren fühlte. Diese wunderbaren medizinischen Wirkungen sind es, die dem Lapis philosophorum den allergrößten Wert verleihen. Gold kann schließlich jeder Börsenspekulant und Kriegswucherer zusammenraffen, aber diesen alles heilenden und verjüngenden Trank bekommt er samt seinen Millionen nicht einmal zu sehen, geschweige denn zu kosten, ja der Milliardär kann elend an Krebs zugrunde gehen, während vielleicht irgendein armer Teufel durch die Gnade Gottes durch Vermittlung eines hermetischen Arztes umsonst und ohne dass er es weiß mit dem Lapis philosophorum kuriert wird, denn die wahren Adepten wirken auch heute noch in aller Stille und unauffällig.

Wie verhält es sich nun mit der in neuester Zeit so oft aufgetauchten Behauptung, von gewissen Erkenntnistheoretikern besonders gern verbreitet, dass die sog. Seelenalchimie der wahre, allein richtige und höchste Aspekt der Alchimie sei? Mögen diese modernen Erkenntnistheoretiker auch noch so gelehrt sein oder scheinen, wir gestatten uns ihnen ruhig zu erwidern, dass alle echten Mystiker, Adepten und Meister der hermetischen Kunst, d. h. alle, die den Stein der Weisen selbst bereitet haben, darin einig sind, dass niemand den Lapis philosophorum machen kann als derjenige, der die nötige Erleuchtung dazu erlangt hat oder durch den Willen Gottes von einem wahren Besitzer der Kunst eingeweiht wurde. Aber in beiden Fällen ist es kein Unwürdiger, der zu diesem höchsten Schatze kommt. Denn Christus und der Lapis philosophorum kommen nur zu jenen, die Gott und die Menschen aufrichtig lieben, so sagen die alten Weisen. Um also zu diesem höchsten Geheimnis zu gelangen, müssen in unserer Seele alle niedrigen Leidenschaften in das lauterste Gold der Weisheit, Liebe, Entsagung und des Schweigens, kurz der Gottergebenheit und Gotteserkenntnis, transmutiert worden sein. Darin besteht die wahre vorbereitende Rosenkreuzerarbeit zum Magnum Opus. Es ist also die sogenannte Seelenalchimie, die von Nichtkönnern mit Vorliebe als das

Alpha und Omega der ganzen Alchimie gepriesen wird, nur eine **Vorstufe** zum wahren Stein der Weisen. So wird es wohl bleiben bis an das Ende aller Zeiten.

Noch eine andere wunderbare Wirkung soll der Lapis philosophorum haben. Er eröffnet uns das Tor zu unsichtbaren Welten, das heißt, der volle oder konstante Gebrauch des Lebenselixiers. Aber der weise Mejnour warnt davor, denn dieser Gebrauch erfordert die schon gelungene Seelenalchimie, ohne diese würde man nicht plötzlich ungestraft die Verbindung mit der unsichtbaren Welt herstellen können. Wahnsinn, ja Tod wären die Folge. Natürlich wenn es sich darum handelt, einen armen Kranken zu heilen, so wird, wie alle Heilberichte lehren, der Lapis philosophorum nur kurz und relativ schwach angewendet, so dass seine Wirkungen sich nur auf die Heilung erstrecken. Es liegt eben eine Welt von Unterschied darin, wie man jedes Ding anwendet. Ein und dieselbe Substanz mäßig genossen, kann ganz andere, ja extreme Wirkungen hervorrufen, wie wenn wir dieselbe übermäßig gebrauchen. Das sind Binsenweisheiten, und doch liegt tiefe Wahrheit darin.

Zu diesem Thema will ich nur noch kurz eine merkwürdige Tatsache erwähnen, die mit der auf allzu buchstabenhafter Auslegung der Adeptenschriften beruhenden Anwendung gewisser „Universalmedizinen" durch begabte, ehrliche, aber hermetisch nicht eingeweihte Forscher zusammenhängt.

Es besteht nämlich ein an sich treffliches System der sogenannten Erfahrungslehre, eingestandenermaßen errichtet auf Paracelsischen Grundsätzen und erweitert aus den Schriften der scheidekundigen Geheimärzte. Obwohl dieses System die Tiefen der spagyrischen Heilkunst missverstand, indem es die drei Universalprinzipien fast wörtlich auffasste, hat es dennoch achtenswerte praktische Ergebnisse am Krankenbette erzielt. So erlebten wir die merkwürdige Tatsache, dass der Abglanz spagyrischer Geheimnisse, ja selbst ihr missverstandener materieller Schatten noch immer eine gewisse Kraft besitzt, die in vielen Fällen mehr erzielt als die ganz materialistische Schulmedizin. Ja, dieses Analogon kann noch erweitert werden.

Die geheime Zahlenlehre der Pythagoräer, Neuplatoniker, Rosenkreuzer, ja selbst die der Mystiker Eckartshausen und Saint-Martin verhält sich zu den massenhaften schriftstellerischen Enthüllungen über eine ganz exoterisch dargestellte Zahlenmagie wie das wirkliche Elixier zur missverstandenen Auffassung der spagyrischen Lehren des Paracelsus, und doch erzielt man damit, so unglaublich es auch klingen mag, selbst auf den niedersten Gebieten ihrer Anwendung viel häufiger Treffer, als man annehmen sollte, was ich aus eigener Erfahrung bestätigen kann. Der Grund dieser paradoxalen Erfahrungstatsache mag wohl darin liegen, dass die alten Hermetiker ihre Symbole und Allegorien derart treffend gewählt haben, dass selbst deren allzu exoterische Herunterdeutung immerhin neue Erkenntniswege zu eröffnen vermag.

Nach dieser kleinen Abschweifung wollen wir wieder zu unserem Elixier zurückkehren, und zwar zu der von Glyndon an Meinour gestellten Frage, warum so wenige Besitzer des Elixiers ungewöhnlich lange fortlebten, trotzdem sie das Geheimnis besaßen, wie man den großen Vernichter Tod um seine vermeintlichen Rechte bringt Mejnour hat darauf hingewiesen, dass viele Adepten den Tod und das ihm folgende Leben dem Erdendasein vorzogen, und betont, dass auch das Elixier nicht vor dem unnatürlichen, gewaltsamen Tode durch äußere Eingriffe schützt. Eines solchen oder mindestens eines frühzeitigen Todes sind, wie aus der Geschichte der Alchimie hervorgeht, meist jene Adepten gestorben, die so unvorsichtig waren, bekannt werden zu lassen oder gar öffentlich zu beweisen, dass sie im Besitze des wirklichen Steines seien. Von dem Schicksale der vielen Adepten jedoch, die aus Vorsicht ihre Kunst geheim hielten und ganz verborgen lebten, ist natürlich nichts bekannt geworden.

Hören wir nun eine Antwort des Theodor Mundanus auf diese so oft und selbst vom berühmten niederländischen Arzt und Theosophen Joh. Baptista v. Helmont gestellte Frage: „Die Antwort ist nicht schwer, indem ausgemacht ist, dass ein gewisses, bestimmtes Lebensziel von dem Allmächtigen gesetzt ist, welches kein einziges Alter durch Hilfe der Kunst überschreiten kann. Und also kann diese Panacee das so gesetzte Ziel unserer Tage nicht verlängern, ob sie gleich Gesundheit und jugendliche Munterkeit wiederherstellen und bis zu diesem Ziele erhalten kann. Auch muss ein kurzes Leben und Krankheit der Adepten nicht zum Schimpf dieser Arztney angerechnet werden, da bekannt ist, dass viele Besitzer des Elixiers für Metalle nicht Meister des Elixiers für Arztney gewesen sind. Denn dieses sind nicht einerley Dinge, wenigstens sind sie es nicht allemal. Zudem haben auch viele Besitzer von beyden Elixieren des zur Arztney Dienlichen sich nicht bedienen wollen, weil sie ein Leben nicht zu verlängern verlangten, das sie von dem Genuss eines weit besseren abhielt. Denn diese vollkommene Einsicht dieses großen Naturgeheimnisses gibt ihnen eine so wundervolle Erkenntnis der Gottheit und ein so lebhaftes Bild des künftigen Lebens, dass sie nicht im geringsten daran zweifeln konnten. Dadurch werden sie auch zu einem frommen Leben und zu einer brünstigen Anbetung ihres Schöpfers gebracht und verlangen also aufgelöst zu werden, sobald als es Gott gefällt, dass sie die Glückseligkeit erlangen sollen, die ihnen so deutlich als das Antlitz im Spiegel, stets vor Augen gemalet ist. Ich will noch hinzusetzen, dass viele Adepten, von denen man glaubt, dass sie in mittlerem Alter verstorben wären, noch lange nachher gelebt haben. Denn um die Verdienstlichkeiten und Gefahren zu vermeiden, welche diejenigen umringen, die von anderen als Besitzer dieses wundervollen Geheimnisses erkannt werden oder doch im Verdacht sind, zogen sie aus einem Lande in das andere, veränderten ihre Namen, und also haben sie frey und sicher bis zu dem vom Allerhöchsten vorhergesetzten Ziele ihr Leben geführet."

Glyndon stellt an Mejnour die heutzutage immer lauter und häufiger herantretende Frage: „Warum denn aber sind die Ergründer und Nutznießer solch erhabener Geheimnisse so zurückhaltend und eifersüchtig im Hinblick auf die Allgemeinheit, der sie ihre Kenntnisse vorenthalten. Zweitens: Während die Wissenschaft ihren Stolz darin sucht, der Welt die Vorgang mitzuteilen, durch die sie zu ihren Entdeckungen gelangt, und für diese Resultate selbst die Reklametrommel schlägt, erzielt die wahre und unbestreitbare Weisheit den wunderbarsten und verblüffendsten Erfolg, weigert sich aber aufs hartnäckigste, Ursachen und Mittel aufzuklären."

„Wohl gesprochen, du echter Zögling menschlicher Schulweisheit!" erwidert der unerbittliche Mejnour, „aber versuche jetzt doch einmal, die Sache von einem tieferen Ermessen aus zu bedenken. Gesetzt, wir wollten all unser Wissen den Menschen als Gemeingut dahingehen, den lasterhaften wie den guten wären wir dann die Wohltäter oder die Verderber der Menschheit? Denkt euch den Tyrannen, den Lüstling, den Mörder und den Dieb und alle die Bösen, mit verbrecherischen Instinkten Belasteten im unbeschränkten Besitz dieser gewaltigen und furchtbaren Fähigkeiten und Kräfte: Wäre es nicht, als ob eine ganze Legion böser Geister entfesselt und auf Erden losgelassen wäre? Und denkt euch nun die Guten mit demselben Vorrecht bekleidet, in welchen Zustand würde dann die Gesellschaft und das Gemeinwesen in allen Teilen der Kulturwelt geraten? Ein Kampf der Titanen und Giganten in Permanenz erklärt, würde die unausbleibliche Folge davon sein. Die Guten, unablässig genötigt, sich zu verteidigen, die Bösen immerdar als Angreifer, und alle Missetäter stets auf neue Verbrechen sinnend, bis ein allgemeines Chaos den Zusammenbruch jeder

Daseinsmöglichkeit besiegelt haben würde. Bei dem dermaligen Zustand des Erdenlebens ist das Böse ein tätigeres Prinzip als das Gute, und das Böse würde als Sieger aus dem Kampfe hervorgehen . . . Übrigens übt die Natur eine strenge, niemals versagende Aufsicht, denn sie hat grauenvolle Wächter und unüberschreitbare Schranken zwischen den Ehrgeiz des Lasters und die Erhabenheit des Wissens von der Ewigkeit und dem Übermenschlichen gestellt!"

Hierzu möchte ich nur noch den merkwürdigen Ausspruch eines Kirchenvaters anführen, der da lautet: „Gott versagt vieles aus Gnaden, was er im Zorne uns gibt. Denn viele Wohltaten des unendlichen Wesens werden mehr Strafe als Wohltat."

Gewisse Adepten aus dem Flachlande der sogenannten Neugedankenlehre, die besonders in ihrer amerikanischen Ausgestaltung eine grob exoterische, jedermann leicht fassbare Vulgarisation gewisser uralter esoterischer Wahrheiten sein soll, haben versucht, das die Menschheit sehr beschäftigende Problem der Lebensverlängerung, ja sogar das der psychischen Unsterblichkeit auf ihre Weise, mit ihren Mitteln zu lösen. Dieses Universalmittel der Neugedankenlehre lässt sich im Wesen kurz als die auf ein bestimmtes Ziel hin gerichtete konzentrierte Gedankenkraft bezeichnen. Sie soll begleitet sein von ruhigem, beständigem, festem Willen, der zweifellosen Erwartung des angestrebten Erfolges, ja sogar einer „Imagination", die das Erhoffte als schon in der Gegenwart bestehend sieht und fühlt. Das eingehende Studium und die richtige Ausübung gewisser Vorschriften der besten Neugedankenlehrer kann dem Okkultisten mehr als bloß erkenntnistheoretischen Nutzen bringen. Meiner Ansicht nach lassen sich beim Zutreffen aller für die sogenannte mentale Magie aufgestellten Erfolgsbedingungen bei großer Geduld und nie erlahmender Ausdauer mit der Zeit ganz bemerkenswerte Ergebnisse erzielen. Soweit jedoch die Anwendung der Gedankenkraft auf die Lebensverlängerung und psychische Heilwirkungen in Frage kommt, werden sich natürlich selbst die allerbesten, von Meistern der mentalen Magie nach längerer Zeit erzielten Ergebnisse nie mit den schon nach wenigen Tagen eintretenden, wie ein Wunder anmutenden Wirkungen des Lebenselixiers auch nur annähernd vergleichen lassen.

Zweifellos ist, dass entsprechende seelische Haltung und Gedankenkonzentration jene Ergebnisse befördern, ja oft allein herbeiführen, die man durch das Einnehmen irgendeiner Medizin erwartet. Die „Medizin der drei Reiche" – das Lebenselixier – wirkt jedoch stark und unfehlbar auf den menschlichen Organismus, dass es keiner anderen Mithilfen bedarf, wenngleich diese für das angestrebte Ziel immerhin nützlich sein mögen. Die eingehende praktische Betätigung in der mentalen Magie wird dem Okkultisten oft ganz erstaunliche Erscheinungen bringen darunter auch die, dass er selbst bei ganz richtiger Anwendung der Lehren wiederholt keinerlei Ergebnis erzielt, während ein anderes Mal unter scheinbar ganz denselben Vorbedingungen ein rascher Erfolg eintritt. Das mag daher kommen, dass gerade in dem einen Falle höhere Kräfte und Intelligenzen – dem Arbeitenden unbewusst und unbekannt – am Erfolge mitwirkten, während bei den ergebnislosen Fällen keinerlei höhere Mitwirkung, ja oft sogar eine Gegenwirkung stattfand. Wie sich die medizinische Wissenschaft oder zumindest einige ihrer vorurteilslosen Vertreter zur Frage der Lebensverlängerung verhalten, erscheint im Juni-Hefte der „Occult Review" vom Jahre 1910 zusammengestellt.

Ich will im Nachstehenden in ganz gedrängter Darstellung versuchen, auszugsweise einige der bemerkenswerten Anführungen des unbekannten Verfassers wiederzugeben: „Es gibt keinen physiologischen Grund, warum der Mensch sterben sollte. Das ist nicht meine eigene Behauptung, noch die Prentice Mulfords, der gewisse exzentrische Anschauungen über die Möglichkeit hatte, das menschliche Leben uneingeschränkt zu verlängern. Im Gegenteile, es ist dies die Beobachtung eines Arztes, des Dr. William A. Harnmond, und andere Ärzte haben mit ihm übereingestimmt. Dr. Münro hat behauptet, der menschliche Körper sei eine vollkommene Maschine, augenscheinlich zu fortdauerndem Gange bestimmt. Dr. Thomas Allen, der von der vorgenannten Autorität abweichend den menschlichen Körper nicht als eine Maschine angesehen haben will, stimmt damit überein, dass er unter entsprechenden Bedingungen die Eigenschaft der Dauer haben solle. Er schrieb: „Der menschliche Körper ist keine Maschine, die durch fortlaufenden Gebrauch abgenutzt wird, denn er ist selbst erneuernd." Tatsächlich ist der sogenannte natürliche Tod vom medizinischen Standpunkte aus noch ein unaufgeklärtes Phänomen. Ein Kritiker von Carrington und Meaders Buch „Der Tod, seine Ursachen und Phänomene" erzählt einen Vorfall, der sich mit einem berühmten Professor gelegentlich einer Zusammenkunft der englischen Ärztevereinigung zugetragen hat. In einem Vortrage über die natürliche Lebensdauer bemerkte der Professor, dass er einst den Leichnam eines über 90 Jahre Altgewordenen sezierte und alle Organe Vollkommen gesund befunden habe, worauf ein Zuhörer zur Verwirrung des Vortragenden die ihm unlösbare Frage stellte, warum denn dieser Mann eigentlich starb.

Was ist denn der Tod? Gewöhnlich wird er in nichtssagender Weise als „Aufhören de Lebens" definiert. Daher sagt auch Melarrington, das wahre Problem sei nicht, was der Tod, sondern was das Leben ist. Wenn auch die Wissenschaft keinen Grund kennt, warum der Mensch eine bestimmte Zeit nach seiner Geburt sterben muss, so weisen doch Analogien aus der Natur darauf hin, dass ausreichende Gründe für das unvermeidliche Ende bestehen müssen, wenigstens für den, der die Natur der Lebenskraft und ihrer Manifestationen in physischen Formen richtig verstehen kann. Überall sehen wir Beginn und Ende natürlicher Formen, im Tier- wie im Pflanzen-, ja sogar im Mineralreich. Auf die Menschen-Rassen scheint auch das natürliche Gesetz der Perioden von Wachstum, Reife und Verfall uneingeschränkt einzuwirken. Indessen ist die Annahme gerechtfertigt, das Menschenleben sei viel kürzer, als es unter günstigen Bedingungen sein könnte. Von Tieren wurde berechnet, dass sie durchschnittlich fünfmal so lange leben, als sie zur Erreichung der Reife bedürfen. Es gibt keinen ausreichenden Grund, warum dies nicht auch beim Menschen zutreffen sollte, der zur Reife etwa 20 Jahre braucht und demnach gegen 100 Jahre alt werden sollte.

Carrington schreibt das Aufhören des Lebens nicht einer mangelhaft werdenden Qualität der Lebenskräfte, sondern einer geringer werdenden Quantität zu. C. A. Stephens sagt auch in seinem Buche „Lebende Materie, ihr psychisches Wachstum und Verfall in mineralischen Organismen": „Das Leben wird nie qualitativ sondern nur quantitativ verringert".

Im wesentlichen lassen sich diese Anschauungen dahin zusammenfassen, dass der natürliche Tod des physischen Leibes durch allmähliche (quantitative) Verringerung der Lebenskraft herbeigeführt wird. Ließe sich nun diese Verringerung durch entsprechende Zufuhr ersetzen, so würde diese einen Stillstand der Alterserscheinungen bewirken. In diesem Sinne könnte man dann auch logischerweise annehmen, dass erhöhte Zufuhr eine Art von Verjüngungsprozess hervorrufen sollte. Das Lebenselixier liefert nun nicht nur die zum Ausgleich erforderliche Kraft, sondern auch den Überschuss für die Verjüngung. Ist es doch eine entsprechende Auflösung des Steines der Weisen, welche nach der eingangs gegebenen Definition des Dr. Gerard Encausse einfach „eine gewaltige Kondensation von Lebenskraft in einer kleinen Menge von Materie" darstellt: Natürlich in der Weise, dass diese angehäufte Kraft vom menschlichen Organismus assimiliert und ein individuelle Lebenskraft umgesetzt wird. Gerade in dieser Möglichkeit besteht das Wunderbare des Lebenselixiers. Übrigens wird die noch so fortschreitende Erkenntnis der rein materiellen Wissenschaft mit all ihren immer zahlreicher werdenden Forschungsmitteln das Problem des Lebens immer nur teilweise und äußerlich lösen können. Durch die verhältnismäßig armseligen Wahrnehmungen der fünf physischen Sinne werden wir immer nur die mannigfachen materiellen Formen und ihre Veränderungen ergründen können. Die grobe Hülle, in der sich schöpferische Kraft und Geist sozusagen symbolisch offenbaren. Nur durch Enthaltung der feineren Sinne und mit Hilfe der Intuition vermögen wir die verschleiernde Hülle zu durchblicken. Hyperphysische Phänomene und ihre Gesetze können eben nur im Lichte der Erleichterung erkannt werden – durch seelische Vision. Darum sagte auch Mejnour seinem Zögling, der zur Erlangung höherer Weisheit den irdischen Genüssen entsagt zu haben glaubte: **„Die erste und elementare Stufe der Erkenntnis besteht darin, dass du deine Seele, und nur deine Seele allein und ausschließlich zu deinem Studium und deiner Welt machst.** Deine höheren Fähigkeiten zu vervollkommnen, dein ganzes Trachten auf diesen einen Punkt zu richten, muss von nun an deine einzige Aufgabe sein!" Darum betonen auch viele Adepten wiederholt, man müsse den Stein der Weisen zuerst in seinem Kopfe gemacht haben, bevor man ihn materiell machen könne. Sie geben jedoch die Hoffnung, dass nach Erreichung des ersten materiellen Hauptstadiums, beim Eintritte der „Edelschwärze" das hohe Werk kaum mehr verdorben werden könne. Sie betonen aber auch, dass gerade der verfrühte Eintritt bloßer Farben höherer Stadien, z. B. der vorzeitigen Röte, vor Erlangung der wahren Edelschwärze ein untrügliches Zeichen dafür biete, dass das hohe Werk bereits gründlich verpfuscht sei. Dies gilt dem Buchstaben nach für die wahre hermetische Praxis, aber auch dem Geiste nach für die sogenannte Seelenalchemie. Wer sich – nicht für die Seelenalchimie – sondern für die wahre hermetische Praxis ernstlich interessiert, der möge sich vorerst bemühen, die Schriften wahrer Adepten richtig zu verstehen. Ob er dabei Erfolg haben wird, liegt in höherer Hand.

Mir war es in der vorliegenden Arbeit auch darum zu tun, aus den Schriften und vertraulichen Mitteilungen großer Adepten nachzuweisen, dass der Stein der Weisen und das Lebenselixier keine Chimären, keine Träume einer krankhaften Phantasie sind, sondern eine unumstößliche Wirklichkeit von geradezu unermesslichen Folgen. Wer nach historischen Beweisen für diese Behauptung verlangt, dem empfehle ich das Studium von Professor Schmiders „Geschichte der Alchimie". Dies möge meinen Lesern einstweilen genügen. Will jemand aus ganzer Seele in vollster Uneigennützigkeit mehr von diesem größten aller Geheimnisse erfahren, so kann er versichert sein, dass die unsere Schicksale lenkende höhere Macht jeden zu seiner Zeit, soweit er dafür reif ist und es verdient, stufenweise erprobt und einweiht, wenn ihm auch die damit zusammenhängenden Erlebnisse äußerlich als sogenannte Zufälle erscheinen mögen. Höher aber als der die physische Fortdauer gewährleistende Besitz des Elixiers ist das Bewusstsein von der Unsterblichkeit der Seele. Und gerade da zeigt sich wieder die grenzenlose Gnade und Weisheit Gottes, indem diese hohe Erkenntnis jedermann zugänglich ist, der da aufrichtig forscht in vertrauensvollem Hoffen. Ohne Überzeugung von der Unsterblichkeit der Seele; ihrer Rückkehr in das göttliche Vaterhaus, ihrer Wiedervereinigung mit dem Meere des Lichtes, der Weisheit und Herrlichkeit, dem gegenüber alle irdischen Genüsse und Freuden doch nichts sind als Staub und Asche, wäre selbst das Lebenselixier kein Göttergeschenk. Dem Ungläubigen müsste der wenn auch weit hinausgeschobene, so am Ende doch unvermeidliche Tod des physischen Leibes, den er für die absolute Vernichtung hält, nur desto grauenhafter dünken. Anders mit dem Adepten, der sein physisches Leben nur eine bestimmte Spanne Zeit, zu bestimmten Zwecken verlängert!

In der „Seltsamen Geschichte" Bulwers spricht der Weise von Aleppo: „Dreimal habe ich mit Hilfe des Elixiers mein Leben erneuert, jetzt tue ich es nicht mehr. Es ist doch nicht die wahre Bestimmung der Seele, allzu lange in diesen physischen Körper eingekerkert zu sein." Darum legt auch Bulwer seinem unvergleichlichen „Zanoni" die Worte in den Mund: „Mejnour, wirf dein Elixier weg, lege die Bürde deiner Jahre ab. Wohin die Seele auch wandern mag, die ewige Seele aller Dinge beschirmt sie immer."

2. Alchemisten-Schicksale

Dr. J. Nistler

Eine der interessantesten Figuren des 17. Jahrhunderts war der schottische Alchimist Alexander Sethon, bekannter unter dem Namen. „der Kosmopolit", der um 1604 starb. „Sein Name" – sagt M. Louis Figuier in seinem Werk „Die Alchimie und die Alchimisten" – „war Gegenstand lebhafter Auseinandersetzungen der Gelehrten". Die Gepflogenheit jener Zeit, Namen zu latinisieren, hat bei dem seinen einen Rattenkönig von Varianten entstehen lassen, von denen Sethon, Sidonius und Suethonius die gebräuchlichsten waren. Zur Zeit, in der sein Auftreten nachweisbar ist, war er bereits ein Alchimist von Ruf. Um 1602 befand er sich auf einer Reise nach Holland, um einem Seemann namens Haussen, dem er einmal das Leben bei einem Schiffbruch an der schottischen Küste gerettet hatte und der ihm sehr ergeben war, zu besuchen. Wenige Tage nach seinem Aufenthalt dort eröffnete er ihm, dass er das Geheimnis der Transmutation der Metalle beherrsche, und schenkte ihm ein Stück Gold, das er angeblich aus einem gleich schweren Stück Blei gewonnen haben wollte. Von Holland begab er sich nach Deutschland und der Schweiz. Auf diesem letzten Teil seiner Reise hatte sich ihm als Reisegenosse ein Freiburger Universitätsprofessor, Wolfgang Drenheim, angeschlossen, der ein wütender Gegner aller hermetischen Wissenschaften war. Dieser hat der Nachwelt ein interessantes Porträt Sethons in einem heute sehr seltenen, lateinisch geschriebenen Buche hinterlassen: „De mineralimedicina", Straßburg, Auflage von 1810. „Im Jahre 1602", erzählt er, „mitten in der Sommerzeit, kehrte ich aus Rom nach Deutschland zurück. Ich stieß da auf einen Mann von seltener Geistesart, von untersetzter kleiner Gestalt, mit lebhaft gefärbtem Gesicht, sanguinischen Temperaments, der einen Bart nach französischer Mode trug. Dieser Mann war Alexander Sethonius".
Trotz gegnerischer Einstellung bestätigt Drenheim die Transmutationen von minderwertigen Metallen in Gold, denen er als Augenzeuge beiwohnte. In Basel führte Sethon in Gegenwart von Jacob Zwinger und Drenheim Projektionen vor, und von einer dieser berichtet der Freiburger Professor in seinem Werke: „Wir begaben uns zu einem Goldmingräber und nahmen mehrere Goldplatten mit, die Zwinger von zuhause mitgebracht hatte, ferne einen Schmelztiegel, den wir bei einem Goldarbeiter erstanden, und

gewöhnlichen Schwefel, den wir auf dem Wege kauften. Sethon rührte nichts daran an. Er ließ ein Feuer machen, befahl Blei und Schwefel in den Schmelztiegel zu geben, den Deckel aufzusetzen und die Masse mit Stäben umzurühren. Während dieses Vorganges plauderte er mit uns. Nach einer knappen Viertelstunde sagte er: „Werft dieses Papier in das geschmolzene Blei, aber gerade in die Mitte, und trachtet, dass nicht ein Stäubchen ins Feuer falle". In diesem Papier war ein Pulver von großer Schwere und zitronengelber Farbe. Man hatte Mühe, es von der Masse zu unterscheiden. Wenngleich wir so ungläubig waren wie der heilige Thomas in Person, taten wir alles, wie er es angeordnet hatte. Nachdem die Masse noch eine Stunde, unter ständigem Rühren mit eisernen Stäbchen, gekocht hatte, erhielt der Goldschmied den Auftrag, den Schmelztiegel durch Aufgießen des darunter befindlichen Wassers zu löschen. Es fand sich keine Spur von Blei, sondern reinstes Gold, das an Qualität nicht hinter dem besten ungarischer oder arabischer Herkunft stand. Es wog genau so viel wie das Blei, an dessen Stelle es getreten war. Wir waren starr vor Erstaunen und trauten kaum unseren Augen."

Aber nicht nur Drenheim, sondern auch Jakob Zwinger legte seine Wahrnehmungen in einer lateinischen Schrift, in einem Briefe an Dr. Schobinger, nieder, der in den Ephemeriden des Emanuel Koning in Basel abgedruckt wurde. Dieses Schreiben berichtet, dass Sethon vor seiner Abreise von Basel seine Transmutationsversuche bei dem Goldschmied Andreas Bletz wiederholt habe. In der „Bibliotheca Chimica" erzählt Mauget, dass das Stück Gold, das Sethon Jakob Zwinger zum Geschenk gemacht habe, sorgfältig in dessen Familie lange Jahre hindurch aufbewahrt worden sei und ein Schaustück für alle Fremde und Neugierigen gebildet habe. Mag man nun diese Versuche alle für geschickte Charlatanerien halten, jedenfalls muss man zugeben, dass die Leute, deren er sich bei seinen Vorführungen bediente, dann schon außerordentlich geschickte Jongleure waren, sonst wäre Sethon nicht von so vielen respektablen Gelehrten für einen ehrlichen Mann mit allerdings ganz unerklärlichen chemischen Kenntnissen gehalten worden.

Von Basel begab sich Sethon um 1603 nach Straßburg, wo er einen Goldschmied namens Philipp Jakob Gustenhover kennen lernte, den er bat, in dessen Werkstatt arbeiten zu dürfen. Sethon lebte dort unter dem Namen Hirschbogen, und als er sich von Gustenhover trennte, ließ er ihm ein rotes Pulver zurück, das ihm ermöglichen sollte, nach seinem Belieben Gold herzustellen. Gustenhover entblödete sich nicht, seine „Projektionen" vor allen Freunden und Nachbarn mit dem geschenkten Wunderpulver zu machen. In seiner „Geschichte der Alchimie", Auflage 1832, erzählt Schmieder, dass der Ruf von Gustenhovers Künsten bis auf den Hradschin zu Rudolf II., dem deutschen Hermes, drang, wie er sich gerne nennen ließ. Er ließ sich Gustenhover kommen und verlangte von ihm das Geheimnis der Herstellung seines Pulvers. Der Straßburger Goldschmied war jetzt wohl oder übel gezwungen zu erkennen, dass er das Pulver nicht hergestellt, sondern von einem Fremden zum Geschenk erhalten habe. Alle Beteuerungen halfen ihm nichts, der Kaiser ließ ihn ins Gefängnis stecken und hielt ihn für einen Alchimisten, der sein Geheimnis nicht preisgeben wollte. Er starb im Kerker.

Sethon hatte sich unterdessen nach Frankfurt a. M. begeben, hielt sich aber aus Sorge vor der böswilligen Art des Kaisers in der Vorstadt bei einem Kaufmann namens Coch verborgen. Hier unternahm er öfter Versuche, Gold herzustellen, und wie in Basel erregte er das Erstaunen und die Bewunderung aller Zuschauer. Der ehrenwerte Herr Coch ließ es sich aber nicht nehmen, eiligst über die Wundertaten Sethons in einem Briefe an Theobald von Hoghelande zu erzählen. Dieser Brief ward in einem Buche dieses Gelehrten, das den Titel führte „Geschichten von Metalltrans-mutationen" abgedruckt. Als Sethon bald darauf nach Köln kam, setzte er sich mit dem Goldschmied Lohndorf in Verbindung, den er zum Augenzeugen mehrerer seiner Versuche machte. Als er kurze Zeit darauf in das Tal von Katmenbach übersiedelte, arbeitete er dort in Gegenwart des Chirurgen Georg Meister und reiste dann nach Hamburg und München. Christian II. von Sachsen, der schon viel von den wundersamen Künsten Sethons gehört hatte, lud ihn an seinen Hof und bewies ihm alle Rücksichten und Aufmerksamkeit in der Hoffnung, dass er ihm das Geheimnis der Herstellung des philosophischen Steines überlassen würde. Sethon aber ließ sich von keinerlei Überredungskünsten blenden, und in heller Wut über den Widerspenstigen ließ ihn Christian II. foltern. In den „Alchimistischen Anekdoten" erzählt Guldenfak, dass man den Unglück-lichen jeder Art von Folter unterzog, die grausamste Habgier nur ersinnen ließ. Figuier berichtet in seinem obengenannten Werk, dass man ihn mit spitzen Eisen durchstach, mit kochendem Blei übergoss und dann mit Ruten peitschte, schließlich aber in ein finsteres Kerkerloch warf. Das geschah im Herbst 1603. Als die Kunde von der grausamen Marter und Gefangenschaft Sethons zu den Ohren des polnischen Alchimisten Michael Sendivogius drang, beschloss er ihn zu retten, und mit Hilfe eines klug ersonnenen Planes brachte er Sethon nach Krakau. Freilich war die Rettung nicht ganz ohne Hintergedanken erfolgt. Erträumte sich doch Sendivogius, dass ihm Sethon das Geheimnis des großen Werkes mitteilen würde. Aber Sendivogius wurde in dieser Hinsicht schwer enttäuscht, denn Sethon, dem alle Martern kein Geständnis entlockt hatten, dedizierte ihm bei seinem im Anfang des Jahres 1604 erfolgenden Tode nur die Reste des noch in seinem Besitze befindlichen geheimnisvollen Pulvers, gab aber nicht das Geheimnis von dessen Herstellung preis.

Die Gestalt des Sethon ist mehr als die weit weniger erfolgreicher Alchimisten von der Geschichte menschlichen Märtyrertums vernachlässigt worden. Sein einziges Werk „Das Buch der zwölf Kapitel" ging in den Besitz Sendivogius über. Sendivogius ward auf seiner Reise nach Polen, die er nach dem Tode Sethons antrat von Kaiser Rudolf II. auf dem Hradschin mit allen Ehren empfangen, hielt sich aber wohlweise dort nicht lange auf, sondern setzte seine Fahrt durch Mähren fort. Ein vornehmer Adeliger, der vernommen hatte, dass Sendivogius sich auf die Herstellung künstlichen Goldes verstand, ließ ihn von seinen Leuten gefangen nehmen, um sich in den Besitz des Rezeptes zu setzen. Es gelang Sendivogius, sich an einem Strick, den er aus seinen Kleidern drehte, durch das Kerkerfenster zu flüchten. Friedrich von Württemberg, der ihn schon lange kennen lernen wollte, nahm ihn im Jahre 1605 freundlich an seinem Hofe auf, erwies ihm alle Ehren und schenkte ihm die Einkünfte des Gebietes von Nedlingen. Nun aber hatte Friedrich von Württemberg, der sich schon Jahre lang mit alchimistischen Studien beschäftigte, schon weit früher als Sendivogius an seinen Hof gekommen war, Beziehungen angeknüpft mit einem Abenteurer, der zuerst Leibfriseur Kaiser Rudolf II., später Diener bei dem Alchimisten Rappolt war und sich einen blassen Schimmer alchimistischer Kenntnisse angeeignet hatte. Dieser hatte sich unter dem Namen eines Grafen Mullenfels das Vertrauen Friedrichs von Württemberg mit einigen alchimistischen Mätzchen zu erschleichen gewusst. Er war aber durch das Erscheinen Sendivogius am Hofe gänzlich in den Hintergrund geschoben worden. Er brütete Rache und beschloss, sich des Pulvers, das im Besitze Sendivogius war, zu bemächtigen. Freundschaftliche Gefühle heuchelnd drängte er sich schmeichlerisch an ihn, und als er endlich sein Vertrauen erworben hatte, redete er ihm ein, dass der Herzog die Absicht habe, Sendivogius in den Kerker werfen zu lassen, um ihm sein Geheimnis zu entreißen. Sendivogius, dem die schrecklichen Martern des armen Sethon noch frisch in Erinnerung waren, dachte nur mehr an Flucht. Er kam nicht weit, denn Mullenfels holte ihn mit bewaffneten Leuten ein, bemächtigte sich aller seiner Kostbarkeiten, vor allem des Pulvers, und während Sendivogius über ein Jahr im Kerker schmachtete, ließ sich Mullenfels als hervorragender, erfolgreicher Alchimist am Hofe feiern. Bald aber flatterte das Gerücht in Deutschland auf, dass Friedrich von Württemberg nicht unbeteiligt an diesem Gaunerstück gewesen sei oder es zum mindesten gutgeheißen habe. Sigismund, König von Polen, gerührt von den Klagen der Gemahlin Sendivogius, nahm sich seiner an, und Kaiser Rudolph versprach, ihn zu rehabilitieren. Ein Kurier ward an den württembergischen Hof geschickt, um die Entlarvung Mullenfels durchzusetzen. Herzog Friedrich, in ehrlicher oder gut gespielter Zornesraserei, empörte sich über die ihm zugemuteten Verdächtigungen. Er erstattete Sendivogius alle ihm abgenommenen Kostbarkeiten, versicherte aber, niemals etwas von dem kostbaren Pulver gesehen zu haben. Mullenfels wurde hingerichtet, Sendivogius Ruhm aber war verblasst. Er starb im tiefsten Elend in Olmütz im Alter von achtzig Jahren. Das Werk Sethons „Buch der 12 Kapitel", oder auch „Abhandlung über die Natur" genannt, war von ihm unter dem Namen „Der Kosmopolit" herausgegeben worden und ist 1604 in Krakau erschienen. Später hatte er noch selbst ein Werk herausgegeben: „Abhandlung über den Schwefel", unter das er das Anagrafium seines Namens setzte: Angelus doce mihi iusi. Das Werk „Enigma philosophicum ad filios veritatis", das ihm fälschlich oder zu Recht zugeschrieben wird, ward nach seinem Tode im Theatrum diymicum Ashmoles veröffentlicht.

3. Der Alchemist

Karl Sealot

Auf unser Ersuchen wurde uns von unseren Freunden, der Brüderschaft der Rosenkreuzer in Californien die Übersetzung und der Abdruck der folgenden symbolischen Erzählung ans den „Rays from the Rose Cross", Aug. 1922 gern gestattet. Wir gedenken auf diese Weise den geistigen Austausch zwischen hüben und drüben zu pflegen und unseren Lesern ein Bild zu geben von der geistigen Richtung unserer amerikanischen Freunde.

„Umgeben von seinen Flaschen, Retorten, Metallröhren und Schmelztigeln auf Regalen und Tischen, in Nischen und Winkeln eines düsteren Raumes hockte der alte Alchemist mitten unter Mineralen und Lösungen, denen angenehme und widerliche Gerüche entstiegen und sich vermischten. Dicke bestaubte Bände und Folianten, die geheimes Wissen vergangener Jahrhunderte enthielten, standen in bunter Reihe zwischen allermodernsten Abhandlungen in dem mit Wissen vollgestopften übrigen Teil des Raumes. In dieser Umgebung studierte er Tag für Tag Seite für Seite und verband und trennte die Elemente der Schöpfung durch Hitze und Kälte und Elektrizität, und nicht nur diejenigen dieser Erde, denn sein Spektroskop und Teleskop brachten ihm und unterwarfen ihm auch die fremden Welten. Und während er immer von neuem suchte und versuchte, das Unedle in Edles zu verwandeln – Gold zu machen, stand plötzlich, ungesehen, ein Geist an seiner Seite und wisperte dem Arbeitenden in sein innerstes Unbewusstsein ein Geheimnis.

Wie von einer ungeheuren Erleuchtung getroffen schob der alte Alchemist Retorten und Gläser zur Seite, dass der Tisch vor ihm frei wurde, und ordnete dann wie im Fieber in vollkommenerer Weise seine mit geheimnisvollen Substanzen gefüllten Flaschen, verband sie mit Röhren von wunderlicher Form und seltsamem Aussehen und fügte die Elektroden der modernsten aller Erfindungen, der „N"-Strahlen, dazu. Mit krampfhafter Hand schaltete er dann die Verbindung ein, als plötzlich mit einer blendenden Feuergarbe ihn die Explosion in eine Ecke des Raumes schleuderte, wo er bewusstlos und anscheinend tot liegen blieb, während sein Lebenswerk in Flammen und Rauch aufging.

Aus dem lodernden Scheiterhaufen seines misslungenen Werkes retteten im letzten günstigen Augenblick seine Freunde den leblosen Körper und trugen ihn in sein Heim, wo er mehrere Tage lang in tiefer Bewusstlosigkeit lag. Was er während dieser Tage im Traum sah, war mit seinen eigenen Worten erzählt, dieses: „Ich fand mich plötzlich, unerwartet, aber doch erschien es mir, ganz natürlich in einer großen Gesellschaft von Alchemisten, die gerade im Begriffe standen, ein uraltes Problem zu lösen, auf einem anderen Stern. Im Gegensatz zu meinen unbestimmten Erinnerungen, dass ich mich schon einmal bei Lebzeiten in die materiellen, stofflichen Geheimnisse dieser Wissenschaft vertieft hatte, fand ich mich jetzt hier um so tiefer eingedrungen in diese Experimente mit den immateriellen, ätherischen Stoffen. Ich war einer aus ihrer Zahl, gehörte zu ihnen und unser Problem war die Umwandlung der Schlacken des Elends, der Unzufriedenheit und des Leidens der Lebewesen auf diesem anderen Planeten in das Gold der vollkommensten Glückseligkeit.

Habsucht, Gier, Selbstsüchtigkeit und Jähzorn wurden unter jedweden Lebensbedingungen nacheinander den Reagenzen der Erziehung, Ethik, Gesetzlichkeit, Sitte und Gewohnheit und so fort ausgesetzt, aber dennoch war ein jedes Experiment von Misslingen gekrönt; jedes ursprüngliche Element blieb unverändert, wie es vorher gewesen, in all seiner Hässlichkeit.

Da geschah ein Klopfen an die Tür. Ein Fremder trat ein und grüßte uns. Ich hatte das Empfinden, als kenne ich ihn oder seine Stimme schon von irgendwie früher her. Seine Erscheinung und sein Wesen waren wunderbar faszinierend und von seinen Lippen flossen Worte solcher Weisheit, dass wir alle in atemlose Erwartung gebannt standen.

„Jeder nehme einen Tropfen von seinem eigenen Blute", so sprach er, „und lasst es uns alles miteinander mischen"; und das taten wir in ein seltsam geschliffenes Kristallgefäß, welches er auf den Tisch gestellt hatte.

Der Fremde zog darauf aus seiner Tasche eine kleine Batterie und stellte einen Kontakt her mit einigen Stellen des unbekannten Metalls, das den Kristallbecher umgab. Im Augenblick fingen die Blutstropfen an zu kochen, wechselten nach einiger Zeit die Farbe und formten sich schließlich von selbst zu einem Stein von funkelnder Klarheit, wunderbar für das Auge.

„Das ist der Stein", sagte er, „wonach die Seelen der Erdbewohner sich in Sehnsucht verzehren. Wir wollen ihn zerkleinern, und mit Maß austeilen."

Er legte den Stein in einen großen Mörser und begann ihn mit einem Reiber zu Pulver zu zerstoßen, und, Wunder über Wunder, je mehr der Stein zermahlen wurde, umso mehr nahm er an Menge zu, bis das Gefäß von der Fülle überfloss. Nun nahm er das Pulver in seine Hand und begab sich zur Tür, während wir alle ihm folgten und in Staunen abwarteten, was er beginnen würde.

Mit einem Wurf zerstreute er es im unendlichen Raum. Nieder, nieder, immer tiefer fiel es, erfüllte die Atmosphäre der Erde und ließ ihre Wolken in einem wunderbaren himmlischen Glanz aufleuchten.

Wir sahen, wie die Menschen unten auf der Erde es tief einatmeten und dann ließ es sich nieder auf einen jeden von ihnen mit dem Kuss der Vergebung für alle hässlichen Taten und Gedanken der Vergangenheit.

„Das", sagte der Fremde, „ist die Alchemie der Liebe. Ihre Substanz muss aus dem Herzen gezogen werden, denn sie ist reines Lebensblut. Unterworfen der Hitze und Kälte der Widerwärtigkeiten und der Trübsal, beginnt es, seine Schlacken auszukochen, und das Reine, das bleibt, kristallisiert sich zu einem Stein, wie Ihr ihn gesehen habt.

In seiner Reinheit muss er nun in der Mühle und dem Mörser der Selbstbezwingung zermahlen werden, um seine Kräfte zu mehren und seinen Segen auszudehnen. Zum Heile aller Welten."

Einem wiederholten Donnerschlag, der den Raum, in welchem wir uns befanden, erschütterte, folgte ein Strahl blendenden Lichtes und dann versanken wir in Finsternis.

Erwachend fand ich mich in einem weichen Bett, eingehüllt in Binden, mit verworrenen Sinnen, aber mit dem klaren Bewusstsein, Zeuge gewesen zu sein des größten Wunders aller Jahrhunderte.

4. Alchemisterei in Alt-Wien

Durch die epochemachenden chemischen Entdeckungen eines Lavoisier und eines Berthollot am Ende des 18. Jahrhunderts verlor die bis dahin als quasi offizielle Wissenschaft geltende Alchimie jegliches Ansehen. Geheimerweise wurde sie aber trotzdem selbst von Gelehrten und anderen geistig hochstehenden Persönlichkeiten weitergepflegt. Ja selbst Goethe bekennt sich in „Dichtung und Wahrheit" als passionierter Hermetiker und seinen Lobgesang auf die Alchemie hat er im ersten Teile seines „Faust" verewigt. Bekannt sind seine hermetischen Studien mit der frommen und gelehrten Susanne von Klettenberg, einer Jugendfreundin der Frau Rat, und mit seinem Hausarzt, dem Arkanologen Dr. Moser, der Goethe mit alchemistischen Mitteln einmal sogar das Leben gerettet hat. Es ist daher nicht wunderlich, dass in der zweiten Hälfte des 18. Jahrhunderts auf den meisten europäischen Fürstenhöfen neben der damals stark florierenden Freimaurerei auch sogenannte Rosenkreuzerei betrieben wurde. Mitglieder dieser Gesellschaften waren zumeist Adelige, Künstler, Gelehrte, selbst Theologen, die alle, möglicherweise wie Goethe, teils aus Forschertrieb, teils aus Liebhaberei der uralten Alchemie treu geblieben sind. Wem übrigens das Wesen der Alchemie bekannt ist, wird wohl wissen, dass die echten Hermetiker die Erzeugung des künstlichen Goldes als Möglichkeit gelten ließen, sich aber in erster Linie mit dem Studium der hermetischen Medizin (das ist das Heilen mit den Arkanen [Remedia divina, Arkanologie]) befassten. Als Franz von Lothringen nach Wien kam, verfolgte er die alchemistischen Probleme mit seinem Geheimen Sekretarius Poquier v. Jolifief, der als Verfasser des erst im Jahre 1779 dem Drucke übergebenen Werkes „Der Kompass der Weisen" und mehrerer Schriften über magische Spiegel u. dgl. genannt wird. Im „Kompass" verherrlicht der Autor den nachmaligen Kaiser Josef II., „welcher durch seine Gottseligkeit, Klugheit und Menschenliebe die Herzen aller Weltbürger nach sich ziehet". Nach dessen Tode fand man unter seinen Papieren die Handschriften vieler wissenschaftlicher Arbeiten sowie auch alchemistischer Studien, die er größtenteils mit seinem fürstlichen Herrn elaboriert hatte. Einer besonderen Gunst dürfte sich auch der als „Cabinetssekretarius und geheimer Finanzrath" im Jahre 1762 verstorbene Franz J. Freiherr v. Toussaint erfreut haben. Von seinen hermetischen Werken möge hier der Titel eines Traktates seine Bewandtnis haben: „Ein

Prozess des Grafen Herbeville von Wayl. Kaiser Franz um 2.000 Ducaten gekauft, weißes Kupfer zu machen, mit Zuwachs von Silber, wobey der am 14. May gemachte Versuch beschrieben stehet."

Ein bekannter Alchemist war Baron Rüessenstein (oder Nüssenstein), der im Jahre 1754 zu Wien die „Chymischen Universal- und Particular-Prozesse auf seinen Reisen mit 6 Adepten erlernt" herausgab. Der Titel enthält eine alchemistische Versteckspielerei, wie man sie in allen hermetischen Schriften findet. Die Reise mit den 6 Adepten bezieht sich auf die so genannte Umwandlung der sechs unedlen Metalle in Gold. Rüessenstein kaufte einmal für seine Versuche vom Wiener Materialisten Balthasar Bratel eine bestimmte Menge „saturnische Mineram", die etwas Silber und Gold enthielt. Damit soll er Gold in schweren Mengen projektiert haben. „Aus diesem Golde habe ich in Wien Münzen schlagen lassen und ein Theil zu Graetz, ein Theil zu St. Veit, auch zu Salzburg verkauft und habe aus dem Golde von Gott mir gegeben 150 000 Gulden bei einem Gleichen. Weswegen Gott zu benedeien u. loben ist. Amen."

Bekannt sind die Dukaten des Augustinermönches Wenzel Seiler, die aus dem Golde geschlagen wurden, das dieser im Jahre 1675 in Wien vor Kaiser Leopold I. projektiert haben soll. Diese Dukaten hatten auf der Rückseite folgende Legende:

„Aus Wenzel Seylers Pulvers Macht
bin ich von Zinn zu Gold gemacht."

Die herrliche Wiener Münzsammlung besitzt übrigens ein Medaillon von ovaler Form (37 X 40 Zentimeter), das im Jahre 1677 Seiler aus Silber in Gold verwandelt haben soll. Seiler wurde später geadelt. Nach den neuesten Untersuchungen soll das Medaillon zum geringsten Teile Gold enthalten. Im Jahre 1700 wurde in Wien ein Protokoll verfasst, worin bezeugt wird, dass der Alchemist Laskaris mit einer geheimen Tinktur Kupfermünzen in Silber verwandelt hätte. Dieses Dokument, das noch erhalten geblieben ist, wurde von dem preußischen Gesandten, von dem österreichischen Vizekanzler und mehreren hochstehenden Persönlichkeiten von Wien unterschrieben. Eine interessante Persönlichkeit war Johann Konrad v. Richthausen, der im Jahre 1648 in Gegenwart Ferdinand III. 3 Pfund Quecksilber in 3,5 Pfund Gold verwandelt hatte. Aus diesem Golde wurde eine Denkmünze geprägt. Ferdinand III. erhob Richthausen in den Freiherrnstand mit dem Prädikat „von Chaos". Chaos wirkte als Direktor des Münzwesens der österreichischen Erblande und richtete die Münzämter von Prag, Brünn, Graz usw. ein. Im Jahre 1663 widmete Chaos sein ganzes Vermögen (300 000 fl.) einer Stiftung, die in Wien zu einem Erziehungs- und Unterrichtsinstitute für arme Waisen verwendet wurde. Das Institut befand sich in der Kärntnerstraße (Kärntnerbasar). Die beiden als Portalzierde verwendet gewesenen Statuen des Institutes befinden sich gegenwärtig im Museum der Stadt Wien. Chaos starb im Jahre 1663 zu Schemnitz. Von seiner Grabstätte fehlte jegliche Spur. Erwähnenswerte Alchemisten des 18. Jahrhunderts sind unter anderen der bekannte Baron Linden und Alois Wiener Edler von Sonnenfels, der im Jahre 1747 „Splendor Lucis oder der Glanz des Lichtes" zu Wien erscheinen ließ; ferner Baron Toscano von Olivier, der Engländer Hilverding, General v. Engelshofen, die Künstler Anton und Josef Grassi, Josef Graf Thun, Sehfeld, Joh. Ferdinand Graf Kueffstein u.a.m.. Unter der Geistlichkeit war der Jesuitenpater Josef Franz der bedeutendste. Er betrieb in der alten Wiener Universität physikalische Studien. Bekannt sind seine Schmelzversuche mit Diamanten. Für die dazu hergestellte Maschine aus drei großen Brennspiegeln und einem eigenen Uhrwerke wurden „viele Tausende von Dukaten verlaboriert". Unter den Wiener Rosenkreuzern befand sich ein gewisser Paul Magnus Schindler, der allerlei „Zaubereien" in den freien Salons zum Besten gab. Dieser nicht einwandfreie Schwarzkünstler gab unter anderem vor, „die Fähigkeit zu besitzen, sich aus freien Stücken 2 bis 3 Klafter hoch in die Luft zu erheben und dort 10 bis 15 Minuten herumspazieren zu können". Dieses kuriose Stückchen leistete er einmal sogar in der Burg. In einem Salon wurde an einem Deckenhacken eine Börse mit 100 Dukaten angebracht. Wie die Chronik berichtet, soll Schindler auf seinen „Luftpromenaden" die Börse erreicht haben. Ein ihm verwandter Rosenkreuzer und Zauberkünstler war Meuchelbeck, der einmal im Salon der Fürstin Marie Wilhelmine von Auersperg eine „magische Vorstellung" gab. Besonders tüchtig verstand sich Meuchelbeck auf Geistererscheinungen. Eine solche Vorstellung gab er in einer warmen, mondhellen Juninacht auf dem „St.-Stephans-Freythof", wo er zahlreiche Gespenster zitiert haben soll, die einen solchen Lärm schlugen, dass sämtliche Nachtwächter der inneren Stadt in Aufruhr gebracht wurden.

5. Aurum Potabile
Von dem trinkbaren Golde der Alchemisten

Ernst Hentges.

Je seltener und kostspieliger eine Substanz war, desto größer schätzte man in früheren Zeiten deren Heilwert. Ob es heute in dieser Hinsicht wesentlich anders geworden ist, möchte ich allerdings nicht behaupten. Wegen seiner Unveränderlichkeit und seiner glänzenden Farbe, die auch den primitivsten Menschen auffällt, sowohl wie als sichtbarer Ausdruck des Reichtums und der Macht, musste das Gold in der volkstümlichen Heilkunst in besonderem Ansehen stehen. Tatsächlich hat es in der Volksmedizin von jeher auch eine besondere Rolle gespielt. Die Wertschätzung eines Arzneimittels nach seiner Seltenheit lässt sich durch die Geschichte aller Völker verfolgen; bei allen Völkern und zu allen Zeiten galt das Gold immer als das Vornehmste Arzneimittel. Die chinesische und altindische Heilkunde kannte mancherlei Anwendungs-arten des Goldes. In alten chinesischen Medizinbüchern wird z. B. Blattgold als Einblasepulver gegen Kehlkopfdiphtheritis empfohlen. In Indien war es gebräuchlich, neugeborene Kinder mit Wasser zu waschen, das durch heißes Gold erwärmt worden war. Man glaubte wahrscheinlich, dass die Kraft des Goldes auf das Wasser übergehe und in ihm zur Wirkung komme. Auch ließ man neugeborene Kinder goldene Gegenstände belecken.

Es ist nicht zu entscheiden, ob die griechische und römische medizinische Wissenschaft das Gold als Heilmittel benutzt hat; desto ausgiebiger aber gelangte es, wie Plinius bezeugt, in der Volksmedizin zur Anwendung. Im klassischen Altertum heilte man beispielsweise Warzen mit Gold. Gold galt auch als ein Mittel gegen den bösen Blick, indem der glänzende Goldschmuck den Blick des Bösäugigen auf sich zieht und somit vom Besitzer abwendet.

Die meisten arabischen Ärzte kannten goldhaltige Medikamente. Geber, der berühmteste unter den Schriftstellern der Araber, welche Alchemie abhandeln, empfiehlt Gold als eine „materia laetificans et in juventute corpus conservans". Avicenna (Ibn Sina) belehrt uns, dass Gold wirksam ist gegen unreinen Atem, die Augen stärkt und bei allen Herzleiden und Kurzatmigkeit nützlich ist. In der abendländischen Literatur des

Mittelalters finden sich Berichte über das Gold als Heil- und Stärkungsmittel bei den meisten Autoren, die überhaupt in Frage kommen. Gegen Ende des zehnten Jahrhunderts empfiehlt Serapion, Goldpulver gegen Herzschwäche und Schwermut zu benutzen. Zacutus Lusitanus weist insbesondere darauf hin, dass Gold nicht nur ein Heilmittel gegen Gebrechen des Körpers sondern auch gegen Krankheiten des Geistes sei. Arnauld de Villeneuve lobt in seiner Schrift „De conservanda juventute" besonders die kräftigende Wirkung des Goldes, welches den menschlichen Körper umwandle und verjünge und das Herz stärke. In gleichem Sinne äußert sich auch Joseph du Chesne in seinem „Traicte familier de l'exacte preparation spagyrique des medicaments pris d'entre les metaux, animaux et vegetaux, etc". (Paris 1624). Der französische Abbe Gabriel de Castaigne genoss hohen Ruhm wegen seiner aufsehenerregenden Kuren mit goldhaltigen Medikamenten und schrieb ein Buch „Le Paradis terrestre, auquel on trouvera la Pierre philosophale et le vray or potable pour guarir toutes maladies incurables". (Paris 1615). Auch der französische Arzt und „Apothicaire artiste du Roy en son jardin Royal des Plantes", namens Moyse Charas (1618-1698), nennt mancherlei goldhaltige Heilmittel in seiner „Pharmacopee Royale, Galenique et Chymique" (Paris 1682). Es fehlte jedoch auch nicht an Ärzten, die dem Gold jegliche Heilkraft abstritten. Der berühmte französische Chirurg Ambroise Pari (1517-1590) u. a. glaubte nicht an den Heilwert des Goldes, weil es eine tote Substanz ist und somit auch dem menschlichen Körper keine Lebenskraft zuführen könne.

Im Mittelalter gebrauchte man in Deutschland Gold zur Wundheilung, damit kein faules Fleisch darin wachse. In den Niederlanden gibt man gegen Kinderkrämpfe innerlich etwas Gold, das man von einem Ring schabt. In Westfalen besteht der Glaube, dass das von dem Kommuniongefäßen abgeschabte Gold wirksam sei gegen Fraisen (Eklampsie) und Kinderschrecken. Blattgold ist ein Bestandteil des in alten Arzneibüchern viel genannten „Gold-, Fraisen- oder Markgrafenpulvers" (Pulvis Marchionis seu epilepticus). Dieses sogenannte „Goldpulver" war ein Gemenge aus Zinnober, Zimt, Zucker und Rauschgold; es wurde auch gegen Brechdurchfall der Kinder benutzt. Goldblech auf die Herzgegend gebunden, soll das Herzklopfen vertreiben und freudig machen. Wegen seiner Farbe hielt man das Gold als ein Sympathiemittel gegen Gelbsucht und Rotlauf. Gegen Gelbsucht sollte Branntwein probat sein, in dem einige Zeit ein goldener Ring oder ein Goldstück lag. Wenn man Leberflecke hat, soll man in Wasser baden, in welches ein Goldstück getaucht wurde.

Die volkstümliche Medizin benutzte zu innerlichen Medikamenten vorwiegend aus zerriebenem Blattgold hergestelltes Goldpulver. „Jene, die Gold in Gestalt von Pulver, Feilstaub, Blattgold oder Pillen verabreichen, belehrt uns Jollivet Castelot in seiner „Medecine spagyrique" (S. IX), begehen einen großen Irrtum, denn die natürliche Körperwärme des Menschen ist ungenügend, damit der Organismus die Gesamtheit der Prinzipien des Goldes assimilieren könne. Der Körper wird keinen Nutzen davon haben und die Substanz wieder ausscheiden, oder der Magen wird sie nicht verdauen. Ernster Schaden kann daraus entstehen".

Damit demnach das Gold ein vollkommenes Heilmittel sei, müssen dessen Kräfte kunstgerecht erschlossen werden. Die Mittel und Wege zur Erschließung dieser Kräfte lehrt die Spagyrik. Die Spagyrik ist, der Etymologie nach, die Kunst des Trennens und Vereinens. Der mittelalterlichen Spagyrik lagen die Lehren der Astrologie und Alchemie zu Grunde, die sie zu Heilzwecken praktisch zu verwerten suchte. In jeder spekulativen Naturbetrachtung spielt der Analogieschluss eine große Rolle. So auch in der mittelalterlichen Wissenschaft, die analogieweise eine tatsächliche Beziehung einerseits zwischen Sonne und Gold, andrerseits zwischen Sonne und Herz annahm. In alchemistischen und und astrologischen Schriften erscheint daher das Gold als Symbol der Sonne. Die Kraft der Sonne wollte die Spagyrik in ihrem irdischen Symbol, dem Golde, wiederfinden und verwerten. „Das Hertz ist die Sonn", schreibt Paracelsus, „und wie die Sonn wircket in die Erden und in ihr selbst, also wirckt auch das Hertz dem Leib und ihm selbst".

Diese Analogiebetrachtung war der Ausgangspunkt für die Verwendung des Goldes als Herzstärkungs- und Lebensverlängerungsmittel. Bei der Tendenz zur Verallgemeinerung, die allen Wissenseliten in ihrem Anfangs-stadium zu Grunde liegt, suchten die Ärzte des Altertums und des Mittelalters ein Universalmittel, eine Panacee, zu finden, das die Krankheit an der Wurzel treffen und alle Leiden beseitigen würde. Diese Panacee glaubte man in der Quintessenz, dem Azoth oder Archaeus des Goldes, zu finden, die nach den Vorschriften der Spagyrik gewonnen wurde. Diese spagyrische Präparation des Goldes war das viel gerühmte Aurum Potabile. Paracelsus definiert dasselbe folgendermaßen: „Aurum Potabile ist das so Goldt trincklich mit anderen speciebus und liquoribus vermischt". Über die Vorzüge des Aurum Potabile vor dem gewöhnlichen Gold äußert sich Joseph du Chesne in seiner bereits erwähnten Schrift folgendermaßen: „Die

Spagyriker kennen jedoch ein besseres Verfahren, denn sie gewinnen aus dem Golde eine Tinktur, eine Quintessenz, die mit Erfolg bei vielen unheilbaren Krankheiten, besonders bei tiefen Schankergeschwüren, benutzt wird. Das auf diese Art erschlossene subtile Prinzip des Goldes gelangt leicht zur Leber, zum Herzen und zu allen Teilen des Körpers. Die quintessentielle Tinktur des Goldes ist der Auszug aller wirksamen Eigenschaften desselben, selbst seiner Farbe, derart, dass der nicht benutzte Goldrückstand ganz weiß bleibt".

Von der Heilkraft des Aurum Potabile hält Paracelsus sehr viel, wie der nachstehende Ausspruch bezeugt: „So ist aber eine solche mechtige krafft in den Artzneyen, das sie feucht und drucken, heiß und kalt heilen. Darumb und wir ein heilung setzen auff alle Lämi und Contracturen. Als durch das Aurum Potabile, dess wir uns nicht verwundern: Dann es ist also ein wunderbarliche wirckung in dem Goldt, das kein höher grad erfunden wirdt zu stercken die Natur, durch die dann all kranckheiten geheilt sollen werden."

Arnauld de Villeneuve resümiert wie Heilwirkungen des Aurum Potabile folgendermaßen: „Es hilft bei Kälte des Magens, macht die Schüchternen mutig, stärkt die nerzleidenden, ist nützlich gegen Melancholie, kräftigt und mildert die natürliche Wärme". Alexandre de la Tourette schrieb 1575 einen Lobhymnus über die wunderbaren Wirkungen des spagyrischen Goldes unter dem Titel „Bref discours des admirables vertus de l'or potable". Auch Giovanni Pico de Mirandola (1463-1494) spricht über das Aurum potabile, und zwar in seiner Schrift „De Auro libri fres". Philipp Ulsted, gewöhnlich Ulstadius genannt, wirkte um 1500 als öffentlicher Lehrer der Arzneikunst zu Freiburg im Breisgau und beschrieb in dem Buche „Caelum Philosophorum voll Heimlichkeiten der Natur" (Frankfurt a. M. 1551) die Prozeduren zur Herstellung des Aurum Potabile und dessen wunderbaren Heilwirkungen. Marsilius Ficinus (1433-1499) war als platonischer Philosoph das Orakel seiner Zeit in Italien und schrieb u. a. eine Abhandlung „De arte chemica", in welcher er zwar weder neue Erfahrungen noch neue Ansichten vorträgt, aber die herrschende Meinung bestätigt, dass durch gewisse Goldpräparate das menschliche Leben bedeutend verlängert werde. In seinem „Epidemiarum antidotus" gibt Marsilius Ficinus auch das Rezept an, um trinkbares Gold herzustellen. Die Rezepte zur Herstellung des spagyrischen Goldes variieren sehr stark von einem Autor zum andern. In einigen Vorschriften werden über hundert von aromatischen Pflanzen, organischen und mineralischen Ingredienzen aufgezählt, welche gemeinsam mit der Goldlösung destilliert werden müssen. Es ist nicht möglich, an dieser Stelle näher auf diese phantastischen Vorschriften einzugehen, denn einzelne Rezepte würden allein mehrere Seiten beanspruchen. Der Sinn all dieser umständlichen Prozeduren war immer der, die wirksame Essenz des Goldes zu gewinnen und diese mit der aus aromatischen Kräutern und andern Substanzen gewonnenen „Quinta essentia" zu verbinden und so ein „Aqua vitae" herzustellen, das infolge seines Goldgehaltes besonders kräftigend und lebensverlängernd wirken sollte.

Es gab zudem mehrere Arten trinkbares Gold. Paracelsus nennt außer dem vorerwähnten Aurum potabile noch ein Olcum auri, d. i „so allein aus der Substantz Goldt ein Oel wird ohne andern Zusatz", sowie auch noch die Quinta Essentia Aur d. i. „so dem Goldt sein Rött ausgezogen wird und gescheiden von dem Corpus, dann sein Krafft ist allein in der Farben". Letzteres ist wohl identisch oder zum mindesten nahe verwandt mit dem viel gesuchten und nie gefundenen Stein der Weisen.

Kranken Personen empfiehlt Paracelsus dreimal täglich eine Dosis des wunderbaren Aurum potabile; zur Stärkung der Gesundheit genügt eine Dosis am Morgen. Sollte nicht auch der als „Danziger Goldwasser" bekannte aromatische Likör mit darin schwimmenden Flitterchen aus echtem Blattgold ein Überbleibsel sein aus jener Zeit, wo man an die wunderbare Kraft des Aurum Potabile glaubte?

In gewissem Sinne kann die Elektrohomöopathie als eine Abart bzw. Weiterführung der spagyrischen Medizin angesehen werden. Die Elektrohomöopathie ist die von dem italienischen Grafen Cesare Mattei begründete Lehre, laut welcher durch eine Art Gärungsprozess aus bestimmten für gewisse Krankheitsgruppen zweckmäßig gesuchten Kräutern eine Art Elektrizität (!) frei werden und zum arzneilichen Gebrauch mit Zucker vermischt werden kann.

Die Darstellung der elektro-homöopathischen Arzneimittel wurde jedoch mehr oder weniger geheim gehalten. Die offizielle Wissenschaft hat die Elektrohomöopathie demnach bisher ignoriert, trotzdem diese wegen ihrer Heilerfolge ziemlich verbreitet ist. In dem Arzneischatz der von Hahnemann begründeten Homöopathie spielt das Gold auch noch heute eine große Rolle, namentlich das Aurum foliatum, Aurum muriaticum und Aurum sulfuricum. Die homöopathischen Indikationen dieser Mittel stimmen in weitgehendem Maße überein mit den Heilwirkungen, welche die mittelalterlichen Spagyriker ihren goldhaltigen Präparaten zuschrieben.

Die spagyrischen Ärzte glaubten, dass Gold auf das Herz und die Blutzirkulation einwirke und daher nützlich bei Herzstörungen und Zirkulationsstörungen sei. Hahnemann konnte einige hundert Jahre später bestätigen, dass Gold zunächst die Empfindung des Herzstillstandes hervorruft, gefolgt von stürmischem Herzklopfen und Schwächegefühl in der Magengrubengegend; es bewirkt beschleunigten, unregelmäßigen Puls. Die Spagyriker benutzten Goldpräparate als Heilmittel gegen Schwermut, Gemüts- und Geisteskrankheiten, und auch die Erfahrung der Homöopathen hat die Wirksamkeit des Goldes in dieser Beziehung vollauf bestätigt. Für gewisse Hautkrankheiten kennt die Homöopathie kein besseres Mittel als Gold, wie auch bereits die spagyrischen Ärzte es zu diesem Zwecke benutzten. Wie die Sonne das Licht des Himmels ist, so wurde nach der Lehre der Spagyrik die Sonne bzw. deren irdisches Symbol, das Gold, analogieweise in Beziehung zum Augenlicht gesetzt. Die Spagyriker benutzten daher Gold bei Augenleiden, Entzündungen der Hornhaut und Sehstörungen, gleich wie die homöopathischen Ärzte noch heutigen Tages Gold bei schmerzhafter Spannung des Augapfels verbunden mit Lichtscheu, bei Horn- oder Bindehautentzündung und Sehstörungen verordnen. Trotz aller Fortschritte der modernen Medizin ist die Rolle der Metalle im menschlichen Gesamtorganismus heute noch keineswegs klargestellt. Eigentlich ist nur die Bedeutung des Eisens bei einer Verminderung des Haemoglobingehaltes der roten Blutkörperchen näher bekannt. Die offizielle Pharmakopoe kennt nur wenige Goldmittel, und diese werden nur in beschränktem Maße verordnet. Im Jahre 1811 veröffentlichte Prof. Chrestien aus Montpellier ein Werk über die Erfolge der Goldmedikation bei Syphilis und Scrophulose; seither benutzt die offizielle Medizin Aurum diloratum und Aurum jodatum gegen Syphilis und Menstruationsstörungen. Bereits die mittelalterlichen Spagyriker benutzten Gold gegen Syphilis, und auch den Homöopathen ist diese Indikation bekannt. Außerdem benutzt die moderne Medizin auch noch Aurum monobromatum in der Dosis von 5-10 milligr. gegen Nervenleiden und besonders gegen Epilepsie.

Der Wahrheitsgehalt der okkulten Spekulationen und Theorien ist meist größer, als gemeinhin angenommen wird. Neben wilden Phantastereien über das Stoff- und Lebensproblem findet sich in den Schriften der Spagyriker aber auch viel Wahres und Richtiges. Durch die moderne Kolloidalchemie haben manche Ansichten der mittelalterlichen Autoren inbetreff des Aurum potabile ihre Rechtfertigung gefunden. Die kolloidalen

Präparate sind jedenfalls mit den spagyrischen „Quintessenzen" nahe verwandt. Kolloide sind Stoffe, die aus Lösungen nicht oder kaum durch Pergament oder eine ähnliche halbdurchlässige Membran hindurchgehen, die sich also nicht dialysieren lassen. Diese Eigenschaft kann jedem Körper erteilt werden oder durch geeignete Lösungsmittel und Verdünnungen erzeugt werden. Die mannigfachen Prozeduren zur Herstellung des Aurum potabile, welche wesentlich in der Behandlung einer Goldlösung mit alkoholischen Pflanzenextrakten bestanden, können daher tatsächlich zur Bildung vor kolloidalem Golde geführt haben, dessen therapeutischer Wert als Herztonicum und bei Nervenerschöpfung und dergl. in neuester Zeit erkannt worden ist. Wer ohne Voreingenommenheit okkulte Überlieferungen auf ihren tatsächlichen Gehalt hin prüft und in ihren ideengeschichtlichen Zusammenhängen verfolgt, wird häufig zur Feststellung gelangen, dass alter Aberglaube eines Tages zu neuer Wissenschaft wird. Dies trifft auch auf das Aurum potabile zu. Nur die Darreichungsform hat sich geändert. Die Spagyriker suchten ein trinkbares Gold herzustellen, während heute die Ärzte das kolloidale Gold zu Einspritzungen unter die Haut benutzen.

6. Die Alchemie im Lichte
der Esoterik und Exoterik

A. R. Astrix.

Alles fließt! Die Entwicklung aller uns umgebenden Erscheinungsformen vollzieht sich in der Gestalt einer Welle. Während der Oberflächliche leicht einen Entwicklungsprozess aus den Augen verliert, schaut der Esoteriker tiefer. Für den Materialisten ist der Werdegang alles Seienden äußerst einfach. Er sieht nicht das große Gesetz, das hinter dem Sichtbaren steht, die erste Ursache jegliches Gewordenen. Für ihn ist die Welle nicht wahrnehmbar; Zufall. ist dort, wo beim Okkultisten Gesetzmäßigkeit weise waltet, Chaos, die große, unbekannte Ursache.

Was bedeutet dem Esoteriker die Welle? Sie ist ihm ein Symbolum für den ewigen Wechsel. Sie charakterisiert ihm die 4 Phasen der Involution und der Evolution. Er nennt die

1. Phase: das Himmelsgleiten,
2. Phase: das Erreichen eines gewissen Punktes,
3. Phase: das Hinabgleiten,
4. Phase: das Erreichen eines gewissen Tiefstandes.

Abstieg und Aufstieg! Ein gewaltiger Rhythmus, der Pulsschlag des Schöpfers. Auch die exakte Wissenschaft hat diese beiden Prinzipien erkannt. Sie beginnt das Rauschen der Welle zu ahnen, ohne sich am sprudelnden Quell der Ewigkeit erfrischen zu können. Die exakte Wissenschaft sieht nur einen Teil der Entwicklung. Sie nimmt da ein Ende an, wo der Okkultist deutlich die neue Geburt erblickt. Wie könnte der Materialismus von einem Abstieg des Geistes in die Materie sprechen, wenn der Geist nur ein Ausfluss derselben ist?

In der gesamten Natur können wir den Wellenschlag in seinen vier Phasen beobachten. Den Rhythmus des Werdens im Frühling, den gewaltigen Akkord im Sommer, das Verrausche.n im Herbst und das leise Absterben der ewigen Melodie im Winter. Auch der Mensch steht unter diesem Gesetz. Der Frühling – die Geburt, der Sommer – die Vollkraft des physischen Organismus, der Herbst – das Alter und der Winter – der Tod. Das Gesetz der Welle ist da!

Inmitten dieser Welle, unter dem ewigen Wechsel steht der Mensch. Nur eine kurze Spanne Zeit ist ihm bemessen, in der er im physischen Körper seine Erfahrungen sammeln und seinen Mitmenschen mitteilen kann. In rasender Eile wechseln die Erscheinungsformen; ohne einen Ruhepunkt zu finden, wird unser Blick in der Welt der Äußerlichkeiten stets von neuem abgelenkt. So ist es denn nicht zu verwundern, dass unser Wissen sich hauptsächlich auf die äußere Seite der Dinge erstreckt, exoterisch geworden ist, dass uns das Wissen vom wahren Wesen der Dinge verloren gegangen ist. Die heutige Wissenschaft erkennt nur ein verstandesmäßiges Erfassen der Dinge, sie weiß nicht, dass der Verstand, obwohl er die Führung übernommen hat, stets ein blinder Führer ist und bleiben wird. Über dem Verstand steht das geläuterte Gefühl, die Intuition, die uns mit Sicherheit führt zum wahren Wesen der Dinge und uns Gewissheit verschafft, wo exoterisches Wissen sich längst vergeblich um Beweise mühte. Wenn man behauptet, man könne dem „Ding an sich" nur durch philosophische Schlüsse näher kommen, so ist das ein Irrtum. Intuitives Forschen verschafft ein gewisseres Wissen als philosophische Spekulation. Wir kennen diese Forschungsart nicht mehr, haben sie Dichtern überlassen und Träumern!

Es gab eine Zeit, in der diese Forschungsart alles bedeutete. In diese Zeit fällt die Entstehung der Alchemie. Eingeweihte aller Nationen haben ihr wahres Wesen verstanden, Toren wurden von ihr geäfft, Unwissende haben sie verspottet. Wie eine rätselhafte Sphinx schaut die „königliche Kunst" lächelnd auf die Menschheit, welche ihr immer wieder das „Geheimnis Gold zu machen" zu entreißen versucht. Seltsame Runen sind auf ihrer Stirn eingegraben, Symbole, die Wissende eingruben, damit solche, die ernsthaft suchen, den Weg erkennen sollen. Ein Symbolum ist die Alchemie!

Wer nur die Schale sieht, ohne den Kern zu erkennen, der wird sie vergeblich zu ergründen trachten. Wenn wir uns vorurteilsfrei über die Alchemie unterrichten wollen, müssen wir stets bedenken, dass sie zwei Aspekte hat, einen esoterischen und einen exoterischen.

Im allgemeinen versteht man heute unter Alchemie die Kunst, den Stein der Weisen zu finden, der alle Metalle in Gold oder Silber verwandeln, aufgelöst eingenommen, alle Krankheiten heilen und den Körper verjüngen soll. Das ist die exoterische Seite, bei der wir an ein ungeheuerliches Laboratorium im Stile der Hexenküche denken. Für diese Alchemie hat die Wissenschaft nur ein Achselzucken, obwohl die letzten Forschungen über Radium die alchemistischen Träumereien einer Metallverwandlung unserer exoterischen Erkenntnis näher rücken denn je.

Das Wort „Alchemie" soll sich nach einigen „Kommentatoren aus Al (Artikel) und Chem (schwarz) zusammensetzen. Chemie soll die ursprüngliche Bezeichnung Ägyptens gewesen sein, und chemi – schwarz – wollen viele noch in der für Alchemie im Mittelalter gebräuchlichen Bezeichnung „schwarze Kunst" wiederfinden.

Für den Esoteriker ist es lehrreich, zu wissen, dass unter dem Namen „Chem" (hm) die zeugende Naturkraft zu Letopolis im Delta verehrt wurde. Auf den Gott Chem haben folgende Verse Bezug:

„Wer lebt, lebt wirklich – aber du stirbst kein Sterben, wie da lebt der Horns, der Erste von Chem, dem die „Große Höhle von Heliopolis geöffnet ist." (Pyramidentexte.)

Unter den Sargtexten befindet sich eine Stelle, aus der wir einen Hinweis auf die esoterische Alchemie lesen können. Der „Tote" soll in den ersten Gott von Chem verwandelt werden. Den „ersten Gott von Chem" erkennen wir auch in der ältesten alchemistischen Urkunde. Der Erste, das einige Ding, von dem alle Dinge geschaffen, wird in der alchemistischen Literatur aller Zeiten unter den verschiedensten Bezeichnungen ehrfurchtsvoll erwähnt.

Über die erste Zeit der chymischen Wissenschaft haben sich keine zusammenhängende Berichte erhalten. John E. Richardson (TK.) behauptet, dass etwa vor mehr als 10.000 Jahren vor dem Heraufdämmern der christlichen Ära unter Aufsicht der weisen Meister in Ägypten eine Schule gegründet wurde, die „in der richtigen und alten Weise" das Wissen vom verborgenen Wesen der Dinge pflegen und erhalten sollte. Während mehr als 4000 Jahren ist diese Schule ein mächtiger Faktor in der aufsteigenden Entwicklung der ägyptischen Zivilisation gewesen. Als sie jedoch ihren Höhepunkt erreicht hatte, versuchten Menschen in der Verfolgung selbstsüchtiger Interessen durch Gaukelei das Volk zu betören. So entstand eine neue Schule, die unter dem Namen „Schule der ägyptischen schwarzen Magie" oder „Schule der schwarzen Kunst" bekannt geworden ist. „Dummheit und Aberglaube verdrängten Weisheit und Tugend, und die Schule der ägyptischen schwarzen Magie – deren Erzeugnis das Heidentum ist – triumphierte über die Schule der Meister. (TK.: „Das große Werk".)

In diese Zeit fällt demnach die Spaltung in esoterische und exoterische Alchemie. Selbstsucht und Habgier führte die Menschen auf den breiten Weg und ließ sie ihr Ziel aus den Augen verlieren. So hat denn die exoterische Alchemie unzählige Verblendete genarrt, während die Lehrer der Esoteriker dieselbe uralte Wahrheit von der chymischen Kunst noch heute verkündigen und dem Suchenden den Weg zur Höhe zeigen.

Die erste und älteste alchemistische Überlieferung ist die Tabula smaragdina Herrnetis, in der das Rezept zur „Transmutatio", zur Verwandlung, enthalten ist. Sie wird dem Hermes Trismegistos, dem dreimal Weisen, zugeschrieben. In diesem Hermes wollen auch viele den eigentlichen Begründer der Alchemie sehen. Die Tabula folgt hier in einer deutschen Übersetzung nach einem Werke aus dem Jahre 1785:

„Wahrhaftig ohne Lügen gewiss, und auf das allerwahrhaftigste, dies, so Unten ist gleich dem Oberen, und dies, so Oben ist gleich dem Unteren, damit man kann erlangen und verrichten Wunderdinge eines einigen Dinges. Und gleich wie alle Dinge von einem Dinge alleine geschaffen, durch den Willen und Gebot eines Einzigen, der es bedacht: Also entstehen auch alle Dinge nun mehro aus diesem einzigen Dinge, durch Ordnung der Natur. Sein Vater ist die Sonne und seine Mutter der Mond; die Luft trägt es gleich als in ihrer Gebärmutter, seine Ernäherin oder Säugamme ist die Erde. Dies Ding ist der Ursprung aller Vollkommenheiten, so in der Welt sind. Seine Kraft ist am Vollkommensten, wenn es wieder in Erde verwandelt ist. Scheide alsdann die Erde vom Feuer und das Subtile oder Dünne vom Dicken oder Groben, fein lieblich mit großem Verstand und Bescheidenheit. Es steigt von der Erde gen Himmel und von dannen wiederum zur Erde und nimmt an sich die Kraft des Oberen und Unteren. Also wirst du haben die Herrlichkeit der ganzen. Welt. Derohalben weiche von Dir aller Unverstand und Unvermögenheit. Dies ist von aller Stärke die stärkste Stärke: denn es kann überwinden alle subtile Dinge, und kann durchdringen ein jedes hart oder fest Ding. Also ist die Welt geschaffen, dahero entstehen seltsame Vereinigungen, und werden mancherlei Wunder gewirket, welcher Weg, dieselbigen zu wirken dieser ist.

Derhalben bin ich genannt worden: Hermes Trismegistos, habe drei Teile der Weisheit der ganzen Welt. Dies sei gesagt von dem Meisterstück der chymischen Kunst."

In der Tabula smaragdina beobachten wir zum ersten Male die uralte „hermetische" Symbolik, die von den Alchemisten aller Zeiten und Nationen übernommen worden ist. Es ist hier nicht der Ort, ausführlich über Symbologie, zu sprechen. Nur so viel sei erwänt, dass sie bei allen Mysterien und esoterischen Gemeinschaften eine bedeutsame Rolle spielt. Das Synabolum ist eine Hieroglyphe, die dem Wissenden eine ganze Geschichte erzählt. Eine innere Entwicklung ist zum Verständnis der Symbolik unbedingt notwendig. Wie der „wissende" Physiognomiker aus dem Gesicht eines Menschen seinen) Charakter und oft seine ganze Lebensführung herauszulesen vermag, so sieht der Esoteriker im Symbolum Werte, die der Unwissende nicht einmal ahnt. Die Symbologie ist die Geheimsprache der Initiierten. Begriffe, die so subtil sind, dass sie sich verflüchtigen, sobald der analysierende Verstand sie zu ergreifen trachtet, sie lassen sich in einem Symbol wiedergeben und sprechen zu dem Suchenden in lautloser, aber doch verständlicher Sprache.

Außerdem gibt es ein Wissen, auch ein Wissen des Verstandes, das für diejenigen, welche auf dem „engen Pfad" nicht sicher sind oder ihn überhaupt noch nicht betreten haben, wirken kann wie tödliches Gift. Es wäre nicht nur töricht, sondern geradezu verbrecherisch, wollte man dieses Wissen den Unerfahrenen oder Unerprobten übergeben. Nicht Borniertheit oder Eifersucht hat die Weisen dazu bewogen, Symbole oder Gleichnisse anzuwenden, vielmehr war es das Prinzip der Vorsicht, welches die Natur selbst gebraucht.

Es steht fest, dass die Menschheit einer Entwicklung unterworfen ist. Die Anschauungen bezügl. der Moral, der Tugenden und Laster sind dem Wechsel ausgesetzt. Viele Anschauungen über menschliche Freiheit, Eigentum, Mord, Ehebruch usw. sind bei zivilisierten Völkern anders als bei den Wilden, sind in mancher Beziehung heute durch Gesetze in bessere Bahnen gelenkt als beispielsweise vor 1000 Jahren. Auch Christus lehrte teils in Gleichnissen, teils unverhüllt. „Gebet nicht das Heilige den Hunden, werfet auch nicht eure Perlen vor die Schweine, damit sie dieselben nicht etwa mit ihren Füßen zertreten und sich umwenden und euch zerreißen" (Matth. 7, 6). Es ist möglich, dass mit der fortschreitenden Entwicklung viele Symbole ihren Charakter als solche verlieren. Dann gibt die Natur das Prinzip der Vorsicht auf, das vorher schützend mit seinen Schleiern das Geheimnis verhüllte. Die Menschheit ist reif für die betreffende Wahrheit geworden, oft infolge hervorragender Pionierarbeit einzelner weiser Meister. Das Gift hat seine tötende Eigenschaft verloren!

Es wäre unrichtig, bei irgend einem Menschen Verständnis für Symbolik oder esoterisches Wesen überhaupt erzwingen zu wollen. Was für den einen zu wissen förderlich ist, kann für den anderen oft nur unnötige Belastung seines Gedächtnisses bedeuten. Deshalb ist es nicht am Platze, alle Menschen unter eine Schablone bringen zu wollen. Für das Individuum ist das System das beste, das ihn am schnellsten und gefahrlosesten weiter entwickelt und seiner jeweiligen Entwicklungsstufe angepasst ist.

Volles Verständnis für die Symbolik der esoterischen Alchemie können wir deshalb nur von denjenigen erwarten, die den Klang der „Welle von drüben" vernommen haben. Es sind dies oft Dichter oder Künstler, die der geistigen Welt näher stehen als die Allgemeinheit. Goethe hat das Rauschen jener Welle nicht nur geahnt, er hat sich an ihr gelabt und uns von ihrem erfrischenden Pranke mitgeteilt. Im „Faust" finden wir manche Analogie zu den Symbolen der esoterischen Chymisten. Dort hat der Dichter viele Gleichnisse, Symbole, wie Sie in der Tabula enthalten sind, wiedergegeben. Sie handeln von dem einigen Dinge, dass „der Ursprung aller Vollkommenheiten ist, so in der Welt sind". Wir führen hier nur eine Analogie an:

„Es steigt von der Erde gen Himmel und von dannen wiederum zur Erdb . . ." (Tab. smaragd).

Des Menschen Seele
Gleicht dem Wasser.
Vom Himmel kommt es,
Zum Himmel steigt es,
Und wieder nieder
Zur Erde muss es,
Ewig wechselnd.
(Gesang der Geister über den Wassern.)

Wie gesagt, die chymischen Symbole der Tabula haben sich in allen Schriften der Alchemisten wiedergefunden. Es sei hier nur an die geheimnisvollen Rezepte der „Schwarzkünstler" erinnert, in denen von „Merkur, Sulfur und Sal" die Rede ist.
Was sollen diese drei Prinzipien? Es sind die drei Grundteile der siebenfachen okkulten Konstitution des Menschen.

Merkur: Das höchste, unsterbliche Prinzip, von vielen Geist, Ego genannt. Sitz der Intuition.
Sulphur: Das zwischen Geist und Körper vermittelnde Prinzip. Oft Seele bezeichnet. Sitz des Verstandes.
Sal: Die Physis, der sichtbare Körper.

Erhabene Weisheit liegt in diesen Symbolen verborgen. Merkur, das unsterbliche Prinzip, das einige Ding der Tabula smaragdina. Wir können die Herkunft des Symbols aus der Tabula deutlich feststellen, wenn wir das ehemals von den Alchemisten und heute von den Astrologen für Merkur gebräuchliche Zeichen näher analysieren. Es besteht aus dem Signum

(Zeichen) für Sonne als Zentrum, für Mond, und dem Kreuzeszeichen, an das es geheftet ist (Symbol des Merkur) – Das höchste Prinzip „Sein Vater ist die Sonne, seine Mutter der Mond . . .", sagt Hermes Trismegistos. Das Zeichen für Sulphur (Schwefel ist also ein Dreieck, ebenfalls gefesselt an das Kreuz.) Das Dreieck diente stets als Symbol für Feuer (Tejas). Es besteht kein Zweifel, dass in der Tabula Luft mit Feuer identifiziert worden ist, wie aus folgendem hervorgeht: „Die Luft (Feuer) trägt es gleich als in ihrer Gebärmutter; seine Ernährerin oder Säugamme ist die Erde" (Sal – Salz).

Und nun folgt das eigentliche Rezept, die Transmutation: „Scheide alsdann die Erde vom Feuer (Sulphur) und das Subtile oder Dicke vom Dünnen oder Groben, fein lieblich mit großem Verstand und Bescheidenheit."

Es kann den Okkultisten mit großer Freude erfüllen, wenn er beobachtet, wie die weisen Meister aller Zeiten in ihren Aussagen übereinstimmen.

Die kontinuierlichen Wirkungen der „Welle von drüben" lassen sich für den, der Augen hat zu sehen und Ohren zu hören, in allen, Punkten lückenlos feststellen. Das Rezept der Alchemie: „Das Subtile vom Groben mit großem Verstand und Bescheidenheit" zu scheiden, es ist nichts anderes als jener „ethische Teil", den nach Aussagen aller Initiierten diejenigen durchmachen müssen, welche den Pfad betreten wollen, der nach Süden in das Reich des Lichtes führt.

Damit kommen wir zur eigentlichen Transmutation, der Umwandlung, der Scheidekunst. Alles fließt! Die ganze Natur ist ein großes, chemisches Laboratorium, in welchem nach den Gesetzen, wie sie der Baumeister aller Welten geschaffen hat, sich der ewige Wechsel vollzieht. Makro- und Mikrokosmos, Natur und Mensch befinden sich in stetiger Umformung, welche sich „aufbauend" oder „zerstörend" gestalten kann. Bis zum Menschen nimmt die „große Welle" die Umformung selbst in die Hand. Widerstandslos, oder vom Instinkt geführt, ordnen sich die Organismen dem gewaltigen Rhythmus so lange unter, bis der „Zustand" Mensch erreicht ist. Dann tritt das „Etwas" in eine neue Phase seiner Entwicklung ein. Es wird auf eigene Füße gestellt, eine Individualität, Bewusstsein und Wille erwachen. Und dies Recht, eine Individualität zu sein, ist unser heiligstes Gut. Es ist außerordentlich wertvoll und legt uns gewisse Pflichten auf, die niemals ungestraft verletzt werden können. Eine der vornehmsten Pflichten ist die von der persönlichen Verantwortlichkeit. Wir allein, wir „selbst" sind für unser Tun verantwortlich und können die Verantwortung niemandem übertragen. Wir müssen selbst den letzten

Pfennig unserer Schuld bezahlen.

Bei den meisten Menschen vollzieht sich die Umwandlung ohne Bewusstsein. Herabziehenden Gedanken, Gefühlen, Impulsen, Neigungen und Leidenschaften wird widerstandslos nachgegeben. Sie werden weder dem Bewusstsein oder dem Willen unterstellt, noch umgewandelt oder geläutert. Dennoch ist diese Läuterung notwendig für alle diejenigen, welche den Pfad zur Rechten beschreiten wollen. Es ist Sogar wahrscheinlich, dass sie die ganze Menschheit durchmachen muss. Wer seine okkulten Fähigkeiten entwickeln will, der muss eine Transmutation nach der andern vornehmen. Es gibt kein Buch, das ihm durch bloße Lektüre die eigene Arbeit ersparen könnte. Er muss die Scheidekunst ausüben mit großem Verstand und Bescheidenheit. Wie viel ist in der theosophischen und okkulten Bewegung über Verstand und Bescheidenheit geschrieben worden. Wie viel hat ihr aber Unverstand, Dünkelhaftigkeit, Herrschsucht und Profitgier geschadet! Wer „sehen" will, muss sich für Licht empfänglich machen. Er muss „düstere" Stimmungen, „dunkle" Gedanken und Leidenschaften umformen in solche „lichter" Art. Er muss arbeiten! Er muss die Umformung, die Transmutation, bewusst regulieren. Das Handwerkszeug, welches er zu diesem Prozess benötigt, ist Bewusstsein und Wille. Seine Geduld darf bei der Umformung nicht erlahmen. Er muss nach ganz bestimmten Gesetzen handeln, die ihm von der individuellen Verantwortlichkeit vorgeschrieben werden.

Die Welle von drüben ist in unserer Zeit in ein besonderes Stadium getreten. Es scheinen gewisse Schranken gefallen zu sein, die bisher den Zutritt zu esoterischen Geheimnissen verwehrten. Man spricht heute mit größter Offenheit über diese Dinge. Die Zeiten, in denen wir wegen unserer religiösen Meinungen verfolgt wurden, sind vorüber. Die Wissenden brauchen die Symbolik nicht mehr zum Schutze gegen Verfolgung. Jeder, der die Transmutation versuchen will, kann dies tun. Er wird in der einschlägigen Literatur so viele Wege finden, dass er ohne äußere Schwierigkeiten seinem Ziele zustreben kann. Erst wenn eine gewisse Stufe der ethischen und mystischen Entwicklung erreicht ist, sollen die ältern erhaltenen Kompendien der Alchemisten, Rosenkreuzer usw. zum Gegenstand eines besonderen Studiums gemacht werden. Um darin erfolgreich arbeiten zu können, müssen Kontemplation und Meditation genügend geschult sein. Dann wird dem Schüler die geheimnisvolle Symbolik eines Hermes Trismegistos, eines Van Helmont, Paracelsus, Christian Rosekreuz, Ketmia Vere usw. nicht mehr rätselhaft sein. Die

Gleichnisse, Allegorien und Symbole werden zu ihm sprechen wie ein offenes Buch, und voll ehrfurchtsvollen Staunens wird er zu den Menschen emporblicken, die vor langen, langen Jahren solche erhabene Weisheit über „das Ding an sich" besaßen.

Er wird ihnen folgen können und ihre einfache Sprache der Seele verstehen. Er wird „wissen". Wenn er auf der richtigen Grundlage aufgebaut hat, werden ihn die Rezepte der Alchemisten nicht zu unsinnigen Spekulationen verleiten. Die „Goldmacherkunst" ist ihm kein Geheimnis mehr: Paracelsus hat recht, indem er über die alchemistischen Rezepte sagt: „Es soll auch niemand so unsinnig sein, dass es für jeden so leicht zu verstehen sei. Dies soll auch nicht sein. Aber mit dem verborgenen Verstand (Intuition) ist es zu fassen, und dies ist die Kunst."

So erscheinen uns die Kunstausdrücke in einem anderen Lichte. Die Transmutation ist die bewusste Umwandlung, das Gold ist der erste, erhabenste Aspekt des Einen, mit ihm untrennbar verbunden, die Liebe zum All, zu unseren Mitmenschen. Wenn wir diese hohe Schule der Esoterik durchgemacht haben, dann werden wir Wissende, Wissende auch in Bezug auf viele esoterische Fragen. Da wir im Einklang mit den Naturgesetzen handeln, die Natur in ihrem aufbauenden Prinzip unterstützen, so zeigt sie sich dankbar. Sie enthüllt uns ihre Geheimnisse. Wir lernen die inneren Werte der drei Reiche verstehen. Dann erst – und nur dann – sind wir reif für die exoterische Alchemie. Wir sind der Natur gefolgt, indem wir unsere Kräfte von Innen heraus entwickelten. Wir stehen dem Herzen der Natur näher. Die alten Alchemisten hatten ein größeres Wissen als wir heute ahnen. Dafür ein Beispiel: Setzt man die Planeten in der chaldäischen Reihenfolge an die äußeren Winkel eines 7 spitzigen Sternes, so erhält man folgende Figur:

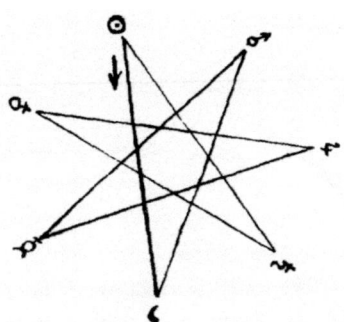

Verfolgt man nun die mit einem Pfeil gekennzeichneten Grade, so erhält man nach einander die 7 Tage der Woche: Sonntag, Montag, Dienstag (Mars, Mardi), Mittwoch (Merkur, Mercredi), Donnerstag (Jupiter, Donar), Freitag (Venus, Freya), Samstag (Saturn, Saturday). Beginnt man jedoch in obenstehender Figur mit dem Planeten Mars und zeichnet die Planeten auf, indem man von rechts nach links an der Peripherie entlang geht und jedes Mal einen Planeten überschlägt, dann erhält man die Bezeichnungen der Metalle, nach ihren Atomgewichten (!) in der regelrechten Reihenfolge geordnet.

♂ **Eisen,**　　　　　　⊙ **Gold,**

♀ **Kupfer.**　　　　　☿ **Quecksilber,**

☽ **Silber,**　　　　　　♄ **Blei,**

♃ **Zinn.**

Die esoterischen Alchemisten waren Wissende, die kein Mikroskop notwendig hatten, sie stellten ihre Untersuchungen an vermittels ihrer höheren Sinneswerkzeuge. Die Entwicklung derselben erfordert lange, geduldige Arbeit, Ausdauer und Mut. „Wissen, Weisheit und Erfahrung werden niemals einem Menschen unverdient zuteil. Sie sind verdiente Gewinne der Seele." (TK. Das Große Werk.) Mögen viele den Weg gehen!

7. Die Magie der Transmutationen und sieben Adeptenschicksale

Sindbad

Die bloßen Kenner der Alchemie wurden Weise, Sophi, genannt, die dem Lichte Nachstrebenden Philosophen, während dem Könner, dem vollkommenen Meister und Vollbringer, allein der Ehrenname Adept gebührt. Weise und Philosophen der Alchemie sind sehr viele vor die Öffentlichkeit getreten, Adepten dagegen sehr wenige. Einesteils, weil es überhaupt nicht viele wahre Adepten gab und andernteils, weil die meisten von ihnen im Einklang mit den hermetischen Traditionen die Öffentlichkeit vermieden. Wir wollen uns heute mit einigen der wenigen beschäftigen, die dieses weise Gebot verletzten. Sie taten es nicht aus Lust nach Ruhm und irdischer Herrlichkeit, die durch Goldbesitz und -gebrauch erlangbar ist. Fast alle waren – wie auch Stanislaus de Guaita hervorhebt – von der selbstlosen Liebe zur Kunst beseelt, diesen wahren Stern des Orients, der die Magier zum kabbalistischen Bethlehem führt, wo sie endlich die Wiege des königlichen Kindes erblicken. Keiner von ihnen hat die wahrhaft königliche Macht, die das Elixier verleiht, niemals missbraucht. Einige haben sich dem hermetischen Apostolate gewidmet, das ihnen nur Prüfungen, Gefahren und Leiden bringen konnte bei der unersättlichen Habgier der Großen und Mächtigen. Auch von ihnen hat keiner jemals Schätze angehäuft. Sie nahmen ihre Transmutationen meist vor, um von der Wahrheit ihrer Kunst zu überzeugen und um Wohltaten zu üben. Für ihre eigenen bescheidenen Bedürfnisse kaum, zwei bis drei Mal, und das immer in bescheidenstem Maßstabe. Sie hatten eben begriffen, dass irdischer Reichtum nichts ist, dass Wahrheit und Mildtätigkeit der kostbarste Besitz des Adepten sind. Schließlich stand ihnen die innere Transmutation höher als die äußere; der Stein der Philosophen, den sie zuletzt suchten, sollte das Ergebnis der eignen spiritualen Transmutation sein. Petra autem erat Christum. Um ihr mehr oder minder tragisches Schicksal zu begreifen, dürfen wir nicht gleich gewissen Größen der exakten Wissenschaft und den irrenden Goldsuchern vergessen, dass bei der Transmutation auch **magische Vorgänge** eine große Rolle spielen. Ebenso wie mit einer „ersten Materie" arbeitet der Adept auch mit einer „ersten Kraft", und diese ist, so sehr dies auch verschleiert wird, nichts anderes als das im Dogma und

Rituale der hohen Magie von Eliphas Levy so eingehend beschriebene Astrallicht der Rosenkreuzer und Martinisten.

Im Okkultismus nennt man astral – wie es der leider zu früh dahingeschiedene Meister Papus überaus populär ausdrückt – gewisse Beziehungen zwischen dem sichtbaren Gebiete und den unsichtbaren Kräften, die zwischen den Sternen zirkulieren. Nach Papus fixieren sich diese Kräfte auf irdische Objekte zur Zeit der Konjunktion oder Opposition gewisser Planeten, so dass jedes irdische Ding in beständiger Verbindung mit dem übrigen Universum ist. Ebenso wie man das Astrallicht die Seele der Welt nannte, kann man auch sagen, dass jeder materielle Gegenstand seine astrale Seele hat. Dieses Astrale materieller Gegenstände ist ein dreifaches, und zwar

1. das, was Papus das konstitutionelle Astrale nennt, weil es durch die astrologischen und magischen Beziehungen zur Kategorie des Gegenstandes gebildet wird

2. Ein künstlich Astrales, herbeigezogen durch den Willen und gewisse magische Operationen des Arbeitenden (Artisten), das in seiner Weitergestaltung eigentlich die Materialisation von Klischees des Arbeitenden ist und als seine Beziehung zum Gegenstande seiner Operation aufgefasst werden kann.

3. Ein Astrales der äußeren Umgebung (des Milieu), gebildet durch deren Reaktion auf jeden ihr lange genug ausgesetzten Gegenstand.

Eine gewisse Beherrschung des Astrallichtes ist Vorbedingung alles magischen Könnens. Bei Transmutationen sehen wir ein und dieselbe essentielle Wesenheit in drei Modalitäten auftreten: Im positiven Feuerpol als Schwefel, im negativen Wasserpol als Merkur und im Gleichgewichtszentrum als Salz.

Analog kommen hierbei auch – die drei Manifestationsmodalitäten des Astrallichtes zur Anwendung: Das Aod, Aob und Aour.

Mit Recht betont Agrippa von Nettesheim, wie sehr der Magier die Öffentlichkeit meiden und die Vergangenheit anstreben muss, dass er das Ziel, die Art, den Ort und die Zeit seiner Arbeiten niemandem mitteilen darf außer seinem Initiator und seinem mit höchster Vorsicht zu wählenden Mitarbeiter. Zahlreiche Adepten und Jünger des Rosenkreuzes werden nicht müde, in ihren alchemistischen Schriften immer wieder die dem Verräter durch höhere Mächte drohenden Strafen hervorzuheben und zur größten Vorsicht und Zurückhaltung zu ermahnen. „Es ist aber der Wille Gottes, dass man solche Kunst nur den filiis doctrinae revelieren und offenbaren darf, sagt Trevisanus, einer der größten in der Offenheit am weitesten gehenden Adepten.

Vor kurzem hatte ich Gelegenheit, in der Wiener Hofbibliothek in die wahrscheinlich von einem Klosterzögling angefertigte Abschrift einer Originalhandschrift des Basilius Valentinus Einsicht zu nehmen. Sie trägt den Titel „Compendium veritatis philosophicum" und die Unterschrift Fratris Basilii Valentini, anno 1481. Dort heißt es zum Schluss: „Ich warne aber hierbei, dass man diese großen Geheimnisse und Wissenschaften um seiner Seelenseligkeit nicht gemein machen, noch in unwürdige Hände kommen lassen wolle, damit nicht der gerechte Fluch aller Philosophen über mich falle, gleichwie allen Verrätern widerfahren ist, welche dieses große Arcanum haben offenbaren wollen. Ich will also unschuldig sein vor dem Richter Jesu Christi an jenem Tage, denn das was ich hier gesagt habe, ist nicht geschehen, dass es in die Klauen derer Unwürdiger gerate, sondern dass es in dem Kloster verbleibe und zur Ehre Gottes angewendet, auch den Armen dadurch Gutes getan werden soll."

In einer anderen Handschrift, betitelt „Via Veritatis von der Quinta Essentia", wendet sich Basilius Valentinus wie folgt an seine im Kloster befindlichen Mitarbeiter: „Dieses ist nun, was ich noch meinen Brüdern zu sagen und lehren für nötig erachtet habe; das einzige will ich noch vorher bitten, dass ihr dieses große Mysterium für Euch in dem Kloster behaltet und denen Gelehrten der Welt nichts davon wissen lassen wollet: Denn für diese letzteren habe ich, nicht geschrieben. Sie können sichs auch in ihren Arbeiten sauer werden lassen, auch vieles und oft vergebliches Geld anwenden, gleichwie ich leider erfahren müssen. Zuvorderst nehme aber der Suchende seine Zuflucht zu dem allenweisesten Geber alles Guten, welcher es einem vor Gott aufrichtigen Herzen mitteilen und so viel Gnade dazu verleihen wird, als ihnen vonnöten ist. Daferne aber ein solcher Mensch in bösen Absichten und vor Gott nicht recht wandelt, so wird es wohl in Ewigkeit vor dergleichen Leuten verborgen bleiben."

In der Handschriftensammlung der Wiener Hofbibliothek erliegen dreizehn Briefe von Brüdern „des Gülden und Rosenkreuzes", in denen ein Mitglied der Bruderschaft über alchemistische Arbeiten belehrt wird. Diese Briefe wurden 1781 abgedruckt unter dem Titel „Dreizehn geheime Briefe von dem großen Geheimnisse der Universals und Partikulars der goldenen und Rosenkreutzer J. L. W. Von diesem jetzt recht selten gewordenen Abdrucke, dessen Original einen etwas verschiedenen Titel trägt, befindet sich ein Exemplar in der steiermärkischen Landesbibliothek.

Dort heißt es: „Vierter Brief anno 1723 wurde mir von dem Herrn von Rittersbach, als einem Mitbruder der Fraternitatis Roseae Crucis, Nachfolgendes zur Manipulierung gegeben: Lieber Bruder, es sind viele Menschen in der Welt, welche sich unterstanden, dieses grobe Geheimnis zu suchen, und haben darüber Habe und Gut verloren. Die Ursache davon ist, weil die Philosophen ihre eigene und einzige Materie verschwiegen. Omissis!

Dieses ist nun, was ich dem Bruder habe entdecken und offenbaren wollen, bitte aber anbei, dieses große Geheimnis vor denen Unwürdigen dieser Weit zu verbergen, damit es nicht den ewigen Fluch über sie bringe, sondern er arbeite dieses in der Furcht des Herren und in aller Stille, und wann derselbe diesen großen Schatz erhalten, so wende er solchen an zur Ehre Gottes und zum Troste der Armen."

Diese Anführungen ließen sich ins Ungemessene vermehren. Ich will mir nur noch einige erlauben, weil sie ein Streiflicht auf die durch Außerachtlassung der gebotenen Zurückhaltung heraufbeschworenen Schicksale von sieben Adepten wirft, die ich als besonders charakteristisch aus der großen Menge derjenigen herausgreife, die Professor Schmieder in seiner vortrefflichen „Geschichte der Alchemie" weit eingehender behandelt. Diese letzte Anführung entstammt dem jetzt seltenen, 1771 erschienenen Adeptenwerke „Der hermetische Nordstern, oder getreuer Unterricht und Anweisung, wie zu der hermetischen Meisterschaft zu gelangen". Dort heißt es u. a.: „Unter einer ungemein großen Menge der Autoren hat jeder das beste getan, den Stein der Weisen so zu erklären, dass er ebenso wieder versteckt geblieben. Keiner hat den Schülern Hermetis die Art und Weise nebst Erfordernis dazu recht angezeigt, sowie, worin das Geheimnis besteht. Aber das Allerbeste ist, dass Gott stets die Hand bei diesem großen Geheimnis und Wissenschaft hat und solches (nämlich den Verrat) niemals zulassen wird. Wie denn nicht ein Exempel, sondern mehrere vorhanden sind, dass nicht nur die, die es völlig entdecket (verraten), sondern nur weiter als billig sich heraus gelassen haben, gleich darauf sind gestraft worden. Ja ich gehe noch weiter und sage, dass mich jene, die zwar nichts entdecket, aber sich mit dieser Kunst zu groß und breit gemacht, auch allzu öffentlich damit in Projection und dergleichen eingegangen, sind in die Strafe gefallen, und ich bin versichert, dass sowohl der große Raimundus Lullius und Theophrastus nebst anderen ihr Leben gewiss länger hinaus gebracht hätten, wenn sie bescheidener umgegangen wären."

Nun zu den sieben Adepten, auf deren mehr oder weniger tragisches Schicksal die obige Bemerkung so vortrefflich passt:

Morienes, sonst auch der Eremit von Jerusalem genannt, stammte aus griechischer Familie, war in Rom geboren und schrieb in arabischer Sprache. Seine in Rom begonnenen Studien setzte er bei dem arabischen Philosophen Adfar in Alexandrien fort. Nach dieses Lehrers Tod kaufte er sich bei Jerusalem an, widmete sich ganz der hermetischen Kunst, deren Erzeugnisse an Gold und Silber er heiligen Zwecken widmete. Aus diesem stillen Aufenthalt begab er sich zu Kalict, dem Sultan von Ägypten, der viel Alchemisten um sich versammelt hatte. Morienes klärte ihn auf, wie sehr seine hohe Liberalität von Schwindlern missbraucht wurde, arbeitete für den Sultan das Elixier aus, entwich aber dann ohne Urlaub und ohne die zugesicherte Belohnung in Empfang zu nehmen, und ließ nur schriftlich die Lehre zurück: Wer die Kunst versteht, bedarf keines Soldes. Kalict ließ im Zorne alle unechten Adepten an seinem Hofe hinrichten und mit allen Kräften nach dem einzigen echten fahnden. Seinem treuen Diener Kaleb gelang es, Morienes an den Hof zu bringen. Dort machte er sich erbötig, den Sultan gründlich zu unterrichten; doch nicht um Ehren und Gewinn, sondern unter der Bedingung, dass er sich zum Christentum bekehre. Diesen Vertrag hielt der Sultan nicht. Er hatte das Geheimnis und blieb bei seinem Glauben. Von Morienes hat man aber seither nichts mehr gehört.

Raimundus Lullius, aus einer edlen Familie 1235 in Majorka geboren, ist unstreitig der berühmteste Alchemist seines Jahrhunderts. Nach einer Dienstzeit unter den Truppen Jakob 1. von Aragonien bekleidete er eine Hofstelle bis zu seinem 30. Jahre. Dann widmete er sich den Wissenschaften, bezog im 46. Lebensjahre die Pariser Universität und trat nach Erlangung der Doktorwürde in den Orden der Minoriten. Nach einer bewegten Reise-, Lehr- und Bekehrungstätigkeit für das Christentum widmete er, der auch den Unterricht Arnaldos de Vilanova genossen hatte, sich ganz der Alchemie, um mit den auf diesem Wege herbeigeschafften Schätzen einen Potentaten der Christenheit zu einem Kreuzzuge zu gewinnen. In Mailand, wo er die rote Tinktur ausgearbeitet hatte, beredete ihn sein Schüler, der Abt Cremer, mit ihm nach England zu kommen, um dort mit Eduard III, wegen des beabsichtigten Kreuzzuges ein Übereinkommen zu treffen. Vom König wurde er sehr gnädig aufgenommen. Sie kamen beide überein, dass Lullius 50-60.000 Pfund Gold anfertigen und der Monarch mit diesem Schatze, Truppen und Schiffe zu einem Kreuzzuge ausrüsten sollte. Handschlag und Fürstenwort besiegelten den Bund. Allein es erging Lullius nicht besser als weiland Morienes. Eduard bezeigte nach Empfangnahme des Schatzes keine Lust, sein Versprechen zu halten, das er nur darum gegeben hatte, um das zum Kriegführen gegen Frankreich nötige Gold zu bekommen. Sein Wort löste er in der Weise, dass er das empfangene in Goldstücken ausprägen ließ, auf denen Krieger und Schiffe abgebildet waren, und so verhöhnte er den Adepten mit der Ausrüstung einer gemünzten Flotte. Auf das hin floh der ohnmächtig zürnende Lullius in einem Boote über den Kanal, rettete sich nach Italien und blieb seitdem verschollen. Die von Eduard III, geprägten Goldstücke, die sogenannten Rosenoble, waren von doppeltem Dukatengewicht und hatten einen Wert von 6 1/2 Reichstalern. Sie führten im Avers ein Schiff, das an der Seite mit einer Rose bezeichnet war; in dem Schiffe saß auf einem Throne ein geharnischter Krieger, in der Rechten ein gezogenes Schwert, in der Linken das vereinigte englische und französische Wappenschild. Der Revers stellt eine Rose dar, um die herum vier gekrönte Leoparden und vier Lilien zu sehen sind. In der Umschrift liest man den Spruch aus dem Lukas-Evangelium: Jesus autem transiens per medium illorum ibat.

Johannes de Rupescissa oder, wie er eigentlich hieß, Jean de Roqueteaillade, ein frommer Minoritenmönch, trieb seit 1350 in einem Kloster zu Aurillac in der Anvergne etwas unvorsichtig Alchemie und äußerte sich noch unvorsichtiger über die Laster der Klerisei. Innocenz VI. ließ ihn 1357 verhaften, worauf er 21 Jahre im Gefängnis blieb, bis Urban VI. ihn 1378 wieder frei ließ. Bald nachher starb er zu Villefranche bei Lion. Während seiner langen Haft waren ihm wohl schwerlich alchemistische Arbeiten gestattet worden, aber er hat die unfreiwillige Muße zu Spekulationen und zum Schreiben verwenden können. Er baute seine Ansichten auf seine frühere Praxis, die von den Alchemisten hochgeschätzt wird. Sein Verfahren teilt er offen mit, bildet auch seine Athanors und sonstige Apparate ab. Seine Terminologie nennt nur bekannte Namen, wiewohl sein unsichtbarer Schwefel, sein Essig usw. nicht das sind, was man sonst unter diesen Namen versteht.

In Frankreich lebten im 17. Jahrhundert einige Alchemisten von Ruf. Der berühmteste war Denys Zachaire oder Dyonisius Zacharias, aus einem edlen Geschlecht in Guienne abstammend, 1510 geboren. In Bordeaux wurde er von einem Lehrer, der Alchemist war, erzogen; er nahm teil an dessen Arbeiten und beide setzten diese eifrig fort, auch als der Zögling zum Studium der Rechte die Universität von Toulouse bezogen hatte. Nach dem Tode seines Mentors lernte er hunderte von Alchemisten kennen, arbeitete auch mit vielen, fand jedoch nur Scharlatane, nicht aber wahrhaftige Meister der Kunst. Im Jahre 1542 wurde Dyonisius Zacharias an Heinrich, König von Navarra, den Großvater Heinrich IV., empfohlen und von ihm nach Paris berufen. Der König suchte einen Gehilfen bei seinen alchemistischen Arbeiten, der Alchemist aber einen König, auf dessen Kosten er seine Versuche fortsetzen könne. Nach vielen fruchtlosen Versuchen zerschlug sich diese Verbindung, der Alchemist ward in Ungnade entlassen und ging 1546 nach Paris, dann nach seiner Heimat, wo er eifrig studierte, um von den Toten das zu erfahren, was ihm die Lebenden versagten. Er studierte Arnaldo von Villanova, Raimund Lullius und den Grafen Bernhard. Die Familie verlangte, dass er ein Amt annehmen solle, machte ihm Vorwürfe, als er sich weigerte, und drohte ihn unter Kuratel zu stellen. Endlich fand er im Jahre 1550, in seinem 40. Lebensjahre, den rechten Weg, da er zum ersten Mal in seinem Tiegel Quecksilber zu Gold werden sah. Auf das hin verließ er die Heimat in Gesellschaft eines zum Gehilfen auserkorenen jungen Verwandten, um in Lausanne unbekannt seiner Kunst zu leben. Dort heiratete er ein schönes Mädchen und beschloss zu reisen und alle Freuden des irdischen Lebens zu genießen. Die des Weines sagten ihm am meisten zu. Seine Gattin aber fühlte sich durch seelische Affinität mit dem unvorsichtigerweise mitgenommenen jüngeren Gehilfen verbunden. Die Inspirationen des Bachus führten Denys auf der Reise den Rhein hinab nach Köln, wo er einmal nach einem Rausche fest einschlief. Der Vetter benützte dies, um ihn zu ermorden, nahm seinen Schatz und flüchtete mit der Witwe nach Deutschland. Von den beiden, Verbrechern hat seither niemand wieder etwas gehört.

Mit dem 17. Jahrhundert nimmt die alte Geschichte der Alchemie einen festeren, gleichsam männlichen Charakter an. Die alte Geschichte, die der Griechen, Araber und Lateiner, bot in 8 Jahrhunderten viele Bücher und wenig mehr als eine Idee. Die mittlere Geschichte liefert in 4 Jahrhunderten eine mehrfach abgeänderte Idee, weit mehr Bücher, viel Unsinn und manchen offenbaren Betrug.

Die neue Geschichte, beginnend mit 1600, dem Zeitalter des Hervortretens der Rosenkreuzer, leistet in zwei Jahrhunderten mehr als beide vorige zusammengenommen. Zwar lässt noch immer die Afterweisheit ihr Gekrächze hören, zwar begegnet – wie es in Sehmieders Geschichte der Alchemie heißt – das Auge noch auf allen Wegen dem einherschleichenden

Betruge und der Torheit, die sich willig plündern lässt; aber daneben ist dieser kurze Zeitraum reich an höchst merkwürdigen, unbestrittenen Tatsachen, welche die Gewissheit bezeugen, dass es einzelnen gelungen ist, die Aufgabe des Magnum Opus zu lösen. Nicht etwa, dass diejenigen, welche zu prüfen haben, gläubiger geworden wären. Aber angesichts unleugbarer Tatsachen vermögen die Gegner der Alchemie in diesem Zeitraum weniger denn je zur Unterdrückung der hermetischen Kunst. Der Stein des Anstoßes, den man wegwälzen wollte, liegt noch immer unerschütterlich und kämpft einen zweiten Ritterkrieg, verschlingt aber keinen Gegner, denn er ist sicherer und damit großmütiger geworden.

Zu dieser Zeit rief ein Herold der Alchemie deren Feinde zur Fehde heraus, von Ort zu Ort eilend und laut verkündend, er könne die Beweise für die Richtigkeit der Lehre geben. Des Herolds Ruf und naturgemäßes Schicksal ist weniger wichtig als sein Beweis vor vielen achtbaren, sachverständigen Zeugen, auf deren Wort man unbedenklich bauen darf. Der Herold war ein Schotte, der sich selbst den Kosmopoliten nannte und von den anderen Alexander Setonius Scotus genannt ward. Seine erste bekannt gewordene Transmutation machte er in Enkhuysen, im Hause des ihm innigst befreundeten Holländers Jakob Haussen. Er transmutierte als Geschenk für den Gastfreund ein Stück Blei in Gold und bezeichnete darauf mit einer Nadel Tag und Stunde des Werkes, den 13. März 1602, nachmittag 4 Uhr. Von dort ging Setonius nach Amsterdam, Rotterdam und 1603 nach Deutschland, überall Transmutationen vornehmend; eine in großem Maßstabe vor dem Freiburger Universitätsprofessor Johann Dienheim und dem Dr. Jakob Zwinger, dessen Geschlecht so viele berühmte Naturforscher zählt. „Da standen wir nun – sagt Dienheim – nach gelungener Operation, sahen einander an und trauten unseren Augen kaum. Der Adept aber, der dies trotz der strengsten Prüfungsbedingungen zustande gebracht, sagte ruhig: „Nun geht hin mit euren Schulfüchsereien und vernünftelt nach Gefallen! Hier seht Ihr die Wahrheit in der Tat, und die geht selbst über eure. Trugschlüsse."

„Hier lebe ich", so schrieb Zwinger später, „und bin leibhafter Zeuge dessen, was ich sah. Auch Setonius lebt noch. Wohl könnte ich hinzufügen wo, müsste ich nicht besorgen, dass ihm daraus Nachteil erwachse."

Dann tauchte Setonius in Straßburg, Frankfurt und Köln auf, überall von Gelehrten und auch Kennern, wie Goldschmieden und Apothekern, Transmutationen durchführend.

Ein Chirurg zu Köln, Meister Georg genannt, der durch Setonius aus einem

Gegner zu einem Bekenner der Alchemie ward, sagte ihm: „Ihr tut nicht wohl, dass Ihr mit eurer Arbeit an den Tag geht; wenn die Fürsten davon hören, werden sie euch nachspüren lassen, euch gefangen nehmen, um das große Geheimnis zu erpressen."

„Ei was", meinte der unvorsichtige Adept, „jetzt bin ich in einer freien Stadt. Geschähe es, dass ein Fürst mich festnehmen ließe, so wollte ich lieber tausendmal sterben als mein Geheimnis offenbaren."

Dies sollte sich später leider als prophetischer Ausspruch erweisen. In Helmstädt trug sich ein typischer Vorfall zu, bei dem Setonius eine Rolle spielte. Cornelius Martini, dort Professor der Philosophie, pflegte in seinen Vorlesungen gegen die Alchemie zu wettern. Als er einst vom Katheder herab die Unmöglichkeit der Transmutation in allen Beweisformen dargetan hatte, trat ein Fremder pro hospite Zuhörer hervor, verlangte ein Kohlenbecken, einen Schmelztiegel und ein Stück Blei, das er in Gold verwandelte und dem Professor mit den Worten reichte: „Widerlege nur diesen Beweis!"

Martini erwiderte: „Hier wäre Leugnen Torheit und keine Sache für einen Jünger der Philosophie."

Im Herbste 1603 verwandelte Setonius auf dem kurfürstlich sächsischen Schlosse Crossen in Gegenwart des damaligen Kurfürsten und seiner Gäste Blei in Gold und darauf begann sich sein Verhängnis zu erfüllen. Christian II., Kurfürst von Sachsen, war Despot und Zweifler im Gegensatze zu seinem Vater. Allein der zu Crossen gelieferte Beweis hatte ihn bekehrt und seine ganze Habsucht entfacht. Ursprünglich suchte er durch ausgezeichnete Behandlung dem Adepten das Geheimnis zu entlocken. Als dieser jedoch nicht darauf einging, wurde er verhaftet, bedroht, wiederholt in grausamster Weise gefoltert und dann in langer Gefangenschaft gehalten, aus der ihn der Alchemist Michael Sendivogius befreite. Aber diese Rettung kam zu spät. Setons Leib war durch die Folter derart zerrüttet, dass auch die Panacee des Lebens ihn nur mehr kurze Zeit erhalten konnte. Nachdem er seine rote Tinktur dem Sendivogius übergeben hatte, starb er in dessen Haus in Krakau im Jänner 1904. Die Geschichte Setons gehört in jeder Hinsicht zu den merkwürdigsten Beweisen für die Wahrheit der Alchemie. Sie gewährt – wie der Forscher Professor Schmieder bemerkt alles, was man von historischen Beweisen verlangen kann, weil seine Transmutationen mehrmals vor ganz sachkundigen Augenzeugen unter strengster jede Taschenspielerei und jeden chemischen Betrug ausschließenden Prüfungsbedingungen durchgeführt wurden, mehr als hinreichend, jeden zu überzeugen, der sich überhaupt überzeugen lassen will, dass Seton eine Tinktur von wunderbarer Kraft besaß, die Antimone, Blei, Zinn und Eisen in Gold zu verwandeln vermochte. Nie hat Seton eigennützige Zwecke verfolgt, von keinem wollte er etwas und überall blickt als Triebfeder seines Tuns nur Proselytenmacherei hervor, die den Märtyrer seiner eigenen Unvorsichtigkeit schließlich dem Tyrannen überlieferte. Wo der Wahrheit durch Martyrium ein Tempel ersteht, setzt sicherlich auch die Lüge für sich ihren Bau daneben. Setons Beweise mussten dazu dienen, ein Possenspiel auszuschmücken, das damals der Theologe Johann Valentin Andreae der Welt vormachte, damit sie nur ja in bekannter Weise betrogen werde. Dieser hatte auf einer Studienreise einige Alchemisten und Theologen kennen gelernt und schrieb in deren Ausdrucksweise „Die chymische Hochzeit des Christian Rosenkreuz". Dieses anfänglich nur in Handschriften herumlaufende Werk wurde anonym 1613 durch Druck noch bekannter gemacht und wird selbst heutzutage von vielen unkritischen Anhängern der Rosenkreuzerei ernst genommen.

Wir kommen nun zum vorletzten unserer Märtyrer, einem Derwisch, dessen Geschichte der französische Arzt Paul Lucas erzählt, der 1699-1705 auf Kosten der Krone Forschungen in den Orient unternommen hatte. Anlässlich eines Gespräches über Alchemie erzählte ihm der Aga von Taate folgendes: Ein Derwisch, der Oberägypten bereiste, weilte einige Zeit zu Tschirtscheh, weil er Gefallen an einem jungen Barbier gefunden hatte. Eines Tages ging er mit ihm spazieren und sie kamen zur Werkstatt eines Rotgießers, der eben 300 Pfund Kupfer im Flusse stehen hatte. Der Derwisch warf ein rotes Pulver auf das fließende Metall und ging weiter. Als der Gießer dann über die Goldfarbe seines Metalls erstaunte, rief er die Nachbarn, darunter auch einen Goldschmied, herbei, der das Metall erprobte und für feines Gold erklärte. Der Pascha der Provinz hörte von dem Vorfall, ließ den Gießer holen, nahm ihm das Gold ab und verhörte auch den jungen Barbier, der ihm gestand, dass der Derwisch zwar abgereist sei, aber wieder zurückkommen werde. Der Pascha schenkte dem Barbier drei Pferde und machte ihn zum Aga des nahegelegenen Ortes Mena unter der Bedingung, dass er ihm den Derwisch bei seiner Rückkunft ausliefere, was auch geschah. Im Verhör leugnete dieser nicht die Transmutation, erklärte jedoch, noch ein weit größeres Geheimnis zu besitzen. Wenn er gewisse Worte, ausschreibe und in den Mund nehme, könne ihn kein Säbelhieb verletzen. Er erbot sich zur Probe und forderte den Pascha auf, ihm den Kopf abhauen zu lassen; je schärfer zugehauen würde, desto weniger würde ihm geschehen. Der Versuch wurde unternommen und endete mit der sofort gelungenen Enthauptung des Derwischs, in dessen Mund man auf dem Papier folgende Worte fand : Ich kann wohl sterben, aber nicht mein Geheimnis offenbaren.

Zum Schlusse wollen wir noch den aus Oberösterreich gebürtigen Adepten Sehfeld erwähnen. Von Jugend auf hatte er sich der Alchemie gewidmet, und da er selbst ohne Mittel war, im Dienste einiger Liebhaber der Kunst gearbeitet. Dann verließ er seine Heimat, blieb neun Jahre im Auslande und besuchte nach seiner Rückkehr im Jahre 1746 das Bad Rodaun, das er bald zu seinem bleibenden Aufenthalte erwählte. Er entdeckte sich dem Bademeister Friedrich und gewann dessen Vertrauen dadurch, dass er vor ihm ein Pfund Zinn in Gold umwandelte, das Friedrich nach Wien in die Münze trug, wo es als feinstes Gold bezahlt wurde.

Sehfeld war mit Friedrich übereingekommen, dass er bei ihm bleiben und ihm ansehnliche Vorteile gewähren wolle, wogegen Friedrich Stillschweigen gelobte und den Absatz des Goldes übernehmen sollte. Frau und Tochter Friedrichs, die schließlich von der Mitwissenschaft nicht auszuschließen waren, vertrauten das Geheimnis einigen Freunden an, von denen es die Ortspolizei erfuhr, welche dann die gerichtliche Festnahme Sehfelds erwog. Um in Sicherheit bleiben zu können, wandte er sich an Kaiser Franz I. mit der Darlegung, dass er aus Landesprodukten kostbare chemische Farben zur Versendung ins Ausland erzeugen wolle, und bat um seine Protektion, wofür er jährlich 30.000 Gulden zahlen wolle. Er erhielt den Schutzbrief, kam pünktlich seinen Verpflichtungen nach und widmete sich vergnügt und sorglos seinen Arbeiten, bei denen Friedrich sowie dessen Frau und Tochter mithalfen. Die durch den kaiserlichen Schutzbrief gesicherte Ruhe dauerte indessen nur einige Monate. Die Kaiserin Maria Theresia ließ ihn festnehmen, scharf verhören und geißeln, um sein Geheimnis zu erfahren. Als dies nicht gelang, hoffte man durch lange Festungshaft in Temesvar seinen Widerstand zu besiegen. Der Festungskommandant General von Engelshofen, der den Gefangenen näher kennen und schätzen lernte, verwendete sich nach einjähriger Haft für dessen Freiheit, die die Kaiserin jedoch nur gegen Preisgabe des Geheimnisses zugestehen wollte. Schließlich hoffte man ihn dadurch zu überlisten, dass man ihn scheinbar in Freiheit setzte, ihm jedoch zwei der Monarchin von Kindheit an ergebene und vertrauenswürdige Offiziere als Wächter beigesellte, die ihn zu beobachten und über sein Arbeiten zu berichten hatten. Sehfeld zeigte sich mit der neuen Schicksalswendung zufrieden und setzte dem Scheine nach seine Arbeit fort. Eines Tages war er samt den beiden Offizieren verschwunden und keiner von ihnen wurde trotz umfassender Nachforschungen je wieder aufgefunden.

Seit Sehfelds Verschwinden hat es zwar noch weitere Adepten gegeben, keiner von ihnen ist jedoch an die Öffentlichkeit getreten, auch nicht in unserem so überaus aufgeklärten Zeitalter, von dem einige behaupten, dass es zu seinen Erfordernissen gehöre, alle hermetischen Geheimnisse auf den Marktplatz zu tragen – natürlich unter entsprechendem Gewinnst des jeweiligen großen Lehrers. Sehfelds moderne Nachfolger scheinen eben Hermetisten anderer Art zu sein und daher auch die durch die neunte Tarotkarte ausgedrückte Lehre des großen Meisters zu beherzigen. Diese Karte zeigt uns einen Einsiedler, dessen linke Hand auf einen Stock mit sieben Knoten gestützt ist, während die rechte eine unter den Falten des einhüllenden Mantels fast ganz verborgene Laterne erhebt. Der Hermetiker bleibt einsam, und geschützt durch den Mantel seiner magischen Abwehrkunst trotzt er allen äußeren Einflüssen. Sein Stock mit den sieben Knoten symbolisiert, wie die Rute Mosis, der Zauberstab und der vollkommene Bischofsstab, die Herrschaft über das große magische Agens. Die Lichtstrahlen der Laterne sind jedoch derart versteckt, dass nur die Würdigen sie sehen können. In Guayatas cle la Magie noire ist noch eine zweite, polar entgegengesetzte Auslegung der neunten Tarotkarte, deren häufiges Zutreffen leicht festgestellt werden kann, enthalten. Der marktschreierische Narr schützt mit tausend Mühen das zitternde Flämmchen seiner armseligen Laterne, seines unhaltbaren, trügerischen Lichtes, das der leichteste Windhauch des schließlich doch erwachenden kritischen Verstandes der Massen auszublasen droht. Umgeben von einer gewaltigen Masse von Gläubigen – oder sollen wir sagen Leichtgläubigen – vegetiert die ganze Gemeinde in einem Reiche subjektiver Illusionen, die jedweder Wirklichkeit entbehren – fest vertrauend auf das durch die Laterne symbolisierte falsche Licht des vergotteten Meisters.

Der Stab symbolisiert die Narrheit und Unduldsamkeit seiner Dogmatik, die sich in tausend Blendwerken äußert, ohne sich je zu erschöpfen und nur so die Illusion Verlängert, sich selbst und die Massen mit täglich wachsender Überzeugung belügen zu können.

Nicht wie der Narr, sondern wie der Weise hat es der wahre Hermetist immer zu halten, was auch die Nachbeter gewisser moderner Menschheitslehrer sagen mögen, die ihre erkenntnistheoretischen

Weisheitstümer auf dem Marktplatz ausrufen und feilbieten. Das Lebenswerk des großen Hermes war eben darauf gerichtet, die Flamme der Wahrheit ungetrübt zu erhalten und nicht eine große Anzahl von Nachbetern zu ergaukeln, die seinen Ruhm ausposaunen und ihm Geldgewinn bringen sollten. Hermes wusste, was das Schicksal der den Massen geoffenbarten Weisheiten sein würde – nämlich die allmähliche Perversion und Kristallisation zu Dogmen. Er wusste, dass der wahre Hermetiker, ungleich dem die Welt betrügenden Charlatan, nur das Martyrium zu erwarten hätte, wenn er vor die Öffentlichkeit treten wollte.

Ein Blick auf die Geschichte vergangener Zeiten lehrt dem wahren Hermetiker, dass das Martyrium zwar der Verbreitung, aber niemals der Reinhaltung der Wahrheit dienen kann. Daher suchte er nicht das Martyrium und bleibt – wie es im Kybalion heißt – ruhig, mit geschlossenen Lippen, während die lärmenden Rufe der Marktschreier die Welt erfüllen. Die vorsichtigste Weiterverbreitung der reinen Wahrheit an die wenigen Berufenen pflegt zwar von den vielen Unberufenen gewöhnlich als Egoismus bezeichnet zu werden. Allein sie wurde von dem großen Meister Ägyptens, dem Vater alles okkulten Wissens, dem Begründer der Alchemie und Astrologie, stets gefordert.

Von den vier Lehren der Sphinx: Wissen, Wollen, Wagen, Schweigen hat der dreifach große Hermes Trismegistus stets das Schweigen für die wichtigste gehalten.

8. Parabolische Aussprüche über das „Magnum Opus"
der Adepten der klassischen Alchemie.

J. Ernst.

Das „alchemistische Magisterium" der Adepten kann mit Recht als das Zentralproblem der ganzen Geheimwissenschaft bezeichnet werden. Das hermetische Präparat, der sogenannte „Stein der Weisen", der in der einen Form als Panacee des Lebens, in der andern Form als metallveredelndes Subjekt gebraucht werden kann, ist der größte Schatz auf der Erde. Allerdings ist es gar nicht so leicht, dieses große Werk zu erfassen und richtig auszuarbeiten. Wenn es auch viele Bücher und Manuskripte über dieses tiefschürfende Problem gibt, so wird doch in keinem von allen diesen Werken platt, d. h. in jedermann verständlicher Form, eine Anleitung zur effektiven Laboratoriumpraxis gegeben. Die Adepten der Alchemie haben in den anerkannt echten Schriften das Werk nur in parabolischer Form gelehrt. Sie verwenden die sogenannte Bildersprache, um den Suchenden zu verwirren und auf die falsche Fährte zu führen.

Ich habe mir die Mühe genommen, Sprüche aus echten Adeptenschriften auszuziehen, um sie den Suchenden auf dem schweren Gebiete der Alchemie vor Augen zu führen. Allerdings darf niemand glauben, dass ich hier das Rezept zur Bereitung des Steins der Weisen bringe. Dies ist tatsächlich unmöglich. Kein Schüler der Adepten hat das bis heute gewagt, und ich glaube, dass es in Zukunft auch keiner wagen wird.

An erster Stelle ein Zitat von dem Rosenkreuzer und Hermetiker Goethe. Mancher Leser wird mir entgegenhalten, dass Goethe ja gar kein Alchemist war. Doch liegt dafür ein Beweis vor. In einer Goethesammlung ist heute noch der alchemistische Ofen und ähnliche Utensilien vorhanden, mit denen Goethe gearbeitet hat. Dies zur allgemeinen Orientierung, und nun zu unserem Thema zurück.

In dem hermetisch-magischen Werk „Faust" führt Goethe ein Zitat an, welches zeigt, dass er ein Kenner des großen Werkes der Alchemie war:

> „Da ward ein roter Leu, ein kühner Freier,
> Im lauen Bad der Lilie vermählt,
> Und beide dann im offnen Flammenfeuer
> Aus einem Brautgemach ins andere gequält.

Erschien darauf mit bunten Farben
Die junge Königin im Glas
Hier war die Arznei."

Zu dieser Ausführung des großen Eingeweihten Goethe einige erläuternde Worte. Jeder Kenner der hermetischen Chemie wird mir beipflichten, dass mit Leu und Lilie die beiden Polarprinzipien zum „Stein der Weisen" gemeint sind. Ohne „Polarität" ist auch der Lapis nicht darzustellen. Nachstehend bringe ich einige Sätze aus dem hervorragenden Werk „Aureum Vellus" des Adepten Fictuld, die in anderer Form das gleiche sagen. Er sagt darin u. a.: „Zur Erzeugung eines neuen Geschöpfes hat die Natur stets ein Wirkendes und ein Leidendes, das ist Himmel und Erde, Same und Acker, „Merkur und Sulphur".

Anmerkung des Verfassers: Mit Merkur ist nicht das Quecksilber und mit Sulphur nicht der Schwefel der modernen Chemie gemeint, sondern vielmehr der des Wissenden.

Noch deutlicher über den zweigeschlechtlichen Stoff zum „Lapis Philosophorum" drückt sich der Adept Philaletha in „Lumen de Lumine" aus. Er sagt: „Nimm unsere zwei Schlangen, den weiblichen Merkur und den männlichen Schwefel, welche allenthalben auf dem Erdboden zu finden sind. Sie sind ein lebendiges Männlein und ein lebendiges Weiblein. Verbinde sie beide mit dem Band der Liebe und verschließe sie."

(Anmerkung des Verfassers: Die beiden Stoffe müssen im hermetischen Ei verschlossen werden, damit das Kind, der Lapis, das Wundergeschöpf geboren wird.)

In seiner Anleitung zum himmlischen Rubin finden wir eine ähnliche interessante Stelle. Es heißt dort: „Beide (Schwefel und Merkur der Weisen) gehen aus einer Materie und leiten zu einem Ziel, beide müssen die Kunst vollbringen. Ein einiges Compositum, das anfangs zweifach scheinet und „Rebis" heißt, einerlei Natur, die durch Vereinigung ein Ding und Elixier werden. Sie sind nicht unterschiedene Dinge, sondern einerlei: Roher, unzeitiger Merkur und gekochter, zeitiger Schwefel, die doch dem Wesen nach nicht unterschieden. Welche beide sich durch Auflösen, Reinigen, Vereinigen und Trocknen so lange bearbeiten, bis alles verkehrt worden in ein zartes Pulver, in den Stein der Weisen."

Der Schüler der Alchemie sieht an den angeführten Sätzen, dass fast alle wahren Adepten dasselbe sagen.

Ich möchte nun etwas näher auf ein alchemistisches Kunstwerk (Denkmal) eingehen, das in Rom noch heute auf einem freien Platz zu sehen ist. Auf einer Marmorplatte sind in Versform lateinische Sprüche eingemeisselt, von denen ich den folgenden herausgreifen und besprechen will. Der Vers lautet:

„Wenn in deinem Hause schwarze Raben weiße Tauben zur
Welt bringen, wirst du ein Weiser genannt werden."

Der Wissende wird mir beipflichten, das in diesen wenigen Worten in allegorischer Form die Bereitung der weißen Tinktur gelehrt wird. Der Rabe und die Tauben sind Farbenstadien, die bei der Darstellung des „Magisteriums" erscheinen müssen, sonst ist alle Arbeit vergebens. Unter diesen dunklen Bildern werden stets alchemistische Prozesse gelehrt, manchmal aber auch nur angedeutet. Über die Hauptfarben, die bei dem großen Werk erscheinen, sprechen sich alle wahren Philosophen einheitlich aus. Die Materie muss in der richtigen Reihenfolge die drei Hauptfarben schwarz, weiß, rot durchlaufen. Eine andere Reihenfolge ist falsch und bezeichnet ein Misslingen des Werkes. Überall finden wir diese drei Farben wieder, sogar unsere alte deutsche Flagge trug diese drei Farben.

Ein altes Rosenkreuzer-Manuskript, das in einer Bibliothek heute noch vorhanden ist, sagt uns über diesen Gegenstand folgendes: „Wisse jedoch, dass in diesem einzig Ding die vier Elemente und alle Farben der Welt enthalten sind. Doch freut sich der wahre Philosoph am meisten der gesegneten Schwärze, wohl wissend, dass aus dieser unfehlbar auch die Weiße und die Röte hervorgehen muss."

Wenn also schwarze Raben weiße Tauben zur Welt bringen, so ist mit diesem Satz nichts weiter gemeint, als dass auf die Schwärze im Laufe des alchemistischen Generationsprozesses die Weiße folgt.

Über den völligen Prozess bringe ich aus dem Werke des größten Adepten, Paracelsus, nachstehende Ausführung: Hohenheim schreibt in seinem „Manuale de Lapide Philosophorum" folgendes: „Setze es in ein philosophisches Ei und versiegele es wohl, dass es nicht verriechen kann, lass es im Athenor solange stehen, bis es sich ohne irgendeinen Zusatz von selbst oben auf zu solvieren beginnt und eine Insel mitten in diesem Meer gesehen wird, die täglich abnimmt und schließlich zur Schusterschwärze wird. Diese Schwärze ist der Vogel, der bei Nacht ohne Flügel fliegt, den auch der erste Himmelstau durch stetiges Kochen und Auf- und Niedersteigen in eine Schwärze des Rabenkopfes verkehrt hat und der

71

hernach zum Pfauenschwanze wird und darauf Schwanenfedern bekommt, auch zuletzt die höchste Röte der ganzen Welt an sich nimmt, die ein Zeichen seiner feurigen Natur ist. Solche Bereitung geschieht nach aller Philosophen Meinung in einem Geschirr, in einem Ofen, in einem Feuer, ohne Aufhören des vaporischen Feuers. Und dann ist diese Medizin himmlisch und vollkommen." Soweit Paracelsus.

Zum Schluss noch ein Zitat von Basilius, das den Kenner und den Suchenden interessieren dürfte. Über den Prozess sagt Basilius: „Welcher Meister keine Aschen hat, der kann auch kein Salz machen zu unserer Kunst, denn ohne Salz kann das große Werk nicht leibhaftig werden. Man halte die verweste, ja verbrannte Asche für nicht gering, denn in derselben liegt das reine Lichtsalz verborgen. Aus der Asche wird der Phönix wieder seine Jungen hervorbringen, denn in solchen Aschen liegt wahrhaftig der rechte Tartarus, welcher muss aufgelöst werden, und nach seiner Solution kann das feste Schloss des königlichen Gemachs eröffnet werden.

Damit sei für diesmal mein Beitrag zur Symbolik der hermetischen Schriften geschlossen.

9. Die sieben alchemistischen Operationen.

Walther B. Seidel

Im 2. Buch seiner „Geheimen Philosophie" widmet Agrippa von Nettesheim der Sieben ein umfangreiches Kapitel, aus dem des Näheren ersehen werden kann, welch außerordentliches Ansehen diese Zahl im Mittelalter wie im Altertum genießt. Es beruht dies darauf, dass die Sieben aus der Drei und Vier zusammengesetzt ist. Im Wesen der Drei, d. h. in ihrem Verhältnisse zu den beiden vorhergehenden Zahlen Eins und Zwei, liegt es, dass sie in der Zahlenreihe den ersten Abschluss bildet, denn die Eins ist dadurch erst eine Zahl, dass die Zwei auf sie folgt. Die Zwei ist als solche Trennung, Zwiespalt, Gegensatz, und dieser wird dann aufgehoben durch die Drei, sodass die Drei erst die in sich geschlossene, wahre und vollkommene Eins ist.

Von jeher hat man daher bei allen Völkern unwillkürlich jede Dreiheit als eine geschlossene Einheit und jede wahre Einheit als eine Dreiheit in sich fassend betrachtet, daher auch alles, was als von Gott kommend und als unmittelbar auf ihn hinweisend, überhaupt als spezifisch göttlich bezeichnet werden sollte, mit dem Stempel der Drei charakterisiert wurde. Die Vier dagegen ist die Zahlsignatur der Welt, weil die räumliche Ausdehnung der Erde wie des Himmelsgewölbes nach den vier Himmelsgegenden bestimmt wird. Und da die Welt des Himmels und der Erde der Inbegriff alles dessen ist, was durch Gott geschaffen wurde, so ist die Vier als Zahl der Welt zugleich die Zahlsignatur alles Geschaffenen, der gesamten Kreatürlichkeit Gott dem Schöpfer gegenüber, kurz, der Offenbarung Gottes im Himmel und auf Erden. So folgt von selbst, dass die Sieben, in welcher diese beiden Zahlen miteinander verbunden sind, die Signatur des Verbundenseins Gottes mit der Welt war, allerdings nicht als eines dauernden Zustandes, sondern als eines allmählichen Werdens und Sich-Vollendens, einer sich immer steigernden Vervollkommnung, Vergeistigung, Vergöttlichung, daher auch z. B. Heinrich Khunrath in seinem „Amphitheatrum Sapientiae aeternae" eine Felsentreppe mit sieben Stufen als den Weg zur Vollkommenheit zeichnet. Die Sieben hatte mithin eine symbolische Bedeutung und hieß so viel wie alle, daher man sieben Todsünden und sieben Kardinaltugenden, sieben freie Künste und Wissenschaften nur als die wesentlichsten statt aller aufzählte. Es bezeichnen die sieben Schöpfungstage, die sieben Weltperioden, die sieben Lebensalter des Menschen ebenso eine allmähliche Steigerung bis zum Ende, wie sieben Stufen der Veredlung der Metalle auf alle Grade der Vergeistigung der Welt und des Menschen hinweisen sollen.

Diese sieben Stufen oder Operationen, welche dem Kundigen aus der verwirrenden Menge und der verschiedenen Auffassung der Namen als die wichtigsten entgegentreten und vermittels deren auch die unedlen Metalle in das reinste Gold verwandelt werden konnten, wollen wir jetzt betrachten. In großen allgemeinen Zügen ist der Gang der Operationen folgender:

1. Creatio, Schöpfung (auch coniunctio, compositio, commixtio, complexio, circumdatio etc. genannt). In dieser ersten der Operationen werden die Rohmaterialien, die man veredeln will, herbeigeschafft.

2. Coagulatio, Gerinnung (auch congelatio, liquefactio, solutio, fusio, coctio, combustio, calcinatio etc. genannt). In der zweiten Operation werden alle ihrem äußeren Anschein nach noch so verschiedenen Materialien in einen gemeinsamen Zustand übergeführt. Fluidale, ätherische, dampfförmige oder gasartige Körper werden verdichtet, die festen geschmolzen, die erdartigen flüssig gemacht, sodass eine Art Gallerte (coagulum) entsteht, in der sämtliche Stoffe, gleichmäßig verteilt, eine homogene Masse bilden, und zwar in einem Aggregatzustande, welcher die Mitte zwischen fest, flüssig und luftförmig hält und daher als das Anfangsstadium einer jeden Entwicklung betrachtet wurde.

3. Separatio, Trennung (auch purificatio, mundificatio, lotio, depuratio, defaecatio, destillatio, extractio etc. genannt). Hier werden die reineren Stoffe von den unreineren abgesondert, weil nur aus einer gereinigten Materie neue, edlere Formen und Gebilde sich gestalten, können, nachdem sich die feineren, geistigeren und lebenskräftigeren Teile oberhalb der festeren, irdischem und materielleren gesammelt hatten. Nachdem dies geschehen (d. i. nach erfolgter Calcination und Solution), trennen die Kunstverständigen die vier in Lösung sich befindenden Elemente selber. Sie scheiden sie in zwei Teile, nämlich den aufsteigenden oder flüchtigen und den unteren (am Boden der Retorte sich befindenden) oder erdigen. Diese beiden Teile sind indes gleicher Natur, denn der untere stellt das gestaltende Ferment dar und der obere bildet die belebende Seele. Die Trennung der beiden Teile ist

nötig, damit sie schließlich beide gegenseitig leicht verwandelt werden können. Durch seinen Übergang in Wasser wird der erdige Teil schwarz, das Wasser danach durch Übergang in Luft weiß. und das Wasser wird in Feuer umgewandelt. Nachdem die Teile wieder vereinigt worden sind, setzen die Kunstverständigen dieselben der Fäulnis bei feuchter Wärme aus, um durch diese Zersetzung die Materie zu veredeln und zu regenerieren. Darauf unterwerfen sie die Materie der Sublimation und reinigen sie so von allen unreinen Bestandteilen, indem der Körper in die Höhe getrieben und somit vergeistigt, das Geistige aber körperlich und fix gemacht wird.

4. Fermentatio, Gährung. Es war die wichtigste aller Operationen, daher mit Absicht in die Mitte gestellt, da die ersten drei nur dazu dienten, den Boden vorzubereiten für die neue Pflanze. Nun musste der edlere Keim in die Erde, der Sauerteig in den durchkneteten Brotteig, der Lebenstrieb in die noch tote Masse gesenkt werden. Nun gährt alles durcheinander, da der Gährungsstoff mit seiner umbildenden Kraft die ganze Masse durchdringt und in seine Natur umzuwandeln sucht.

5. Putrefactio, Fäulnis (auch nigratio, mortificatio, corruptio, dissolutio, assatio, inhumatio etc. genannt). Sie ist die notwendige Folge der Gährung, da das edlere Ferment zwar auf die geistigeren Stoffe leicht einwirken kann, dagegen die einer Neubildung widerstrebenden gröberen Bestandteile erst auflösen und umwandeln muss, bevor die Entstehung eines neuen Wesens möglich wird. Sie vernichtet, tötet, verzehrt sie daher scheinbar; aber nicht, um sie zu beseitigen, sondern um sie durch eine nochmalige Gerinnung, Trennung und Gährung in lebensfähige Materie umzugestalten.

6. Generatio, Geburt (auch fixatio, fixio, coniunctio, humectatio, cibatio, desiccatio, ingressio, reductio, dealbatio, conceptio, sponsatio, revivicatio, descensio, refrigeratio etc. genannt). Sie kann nur beginnen, nachdem durch das Ferment der Kristallisationsmittelpunkt gegeben ist, dessen belebende, gestaltende Kraft sich strahlenförmig durch die ganze Masse ausbreitet und alle zur Entwicklung eines höheren Wesens notwendigen Stoffe nach dem in ihm ruhenden Entwicklungsgesetz an sich zieht.

7. Exaltatio, Erhöhung (auch sublimatio, augmentatio, multiplicatio,

gradatio, rubificatio, nutritio, additio, ascensio, ignitio etc. genannt). Sie ist die Vollendung des Werkes, wenn das neu entstandene Wesen mit seiner vergeistigten und veredelten Materie, wie aus einem Kerker zur Freiheit, aus dem materiellen Dasein zu einem geistigen, aus der Finsternis zum Licht, von der Erde zum Himmel emporsteigt.

Diese Stufen oder Operationen wurden nun auf die mannigfaltigste Weise auf die verschiedensten Verhältnisse angewandt, um eine Überführung aus einem unvollkommenen Zustand zu einem vollendeten zu versinnbildlichen. Sieben Entwicklungsreihen waren es namentlich, welchen in den Schriften der Alchemisten und Theosophen das meiste Interesse entgegengebracht wurde:

1. die Goldbereitung;
2. die Schöpfung der Welt;
3. die Umwandlung der materiellen Welt in eine geistige,
4. die Schöpfung des Menschen;
5. die Umwandlung des sterblichen Menschen in ein unsterbliches Wesen;
6. das Leben Christi;
7. die Offenbarung des unbegreiflichen Wesens Gottes.

Für die Bereitung des Goldes war es, philosophisch betrachtet, ganz, einerlei, welches Mineral oder Metall man in der creatio zu Grunde legte, denn alle bestanden ja aus denselben Grundstoffen: Aus Sal, Sulphur und Mercur oder dem Salzstoff, Schwefelstoff und Quecksilberstoff. Sie waren nur nach Quantität und Qualität, nach Zahl, Maß und Gewicht im einzelnen voneinander verschieden, bedurften daher alle nur einer geringeren oder größeren Reinigung.

Für die coagulatio bedurfte man eines Mittels, um diese mineralischen Bestandteile in ihre prima materia, oder ihren Urzustand, zurückzuführen, da hierzu der höchste Grad des Reverberierofens nicht ausreichte. Dazu verhalf nun der allen Metallen innewohnende Mercur oder Feuergeist, der als Metallseele im Mittelpunkte der Metalle unentwickelt ruhte, bis es dem alchemistischen Künstler gelang, ihn zu erwecken und durch seine Kraft die Metalle aufzulösen und in den gemeinsamen Zustand zurückzuführen, den sie besaßen, bevor sich die einzelnen Metalle aus der Urmaße ausschieden.

In dieser sanken durch die separatio die unreineren Bestandteile zu Boden, während die edleren emporstiegen, um sich zu verflüchtigen. Es galt nun, diese festzuhalten. Dazu diente als Ferment der feurige Metallgeist, der aus den oberen, reineren Bestandteilen sich konzentrierte und nun mit verstärkter Kraft als Gährungsmittel auf die unreinere Materie wirkte und in derselben eine fermentatio hervorrief, so dass diese von dem Feuergeist geläutert aufwärts stieg, mit den oberen, reineren Elementen sich verband und in der putrefactio ihre unedlen Bestandteile reinigte, bis in der generatio die Veredlung so weit vorgeschritten war, dass sich die glänzende Weiße dem Adepten zeigte, worauf durch die fortgesetzte Einwirkung des immer kräftiger wirkenden Feuergeistes die ganze Masse geläutert und in der exaltatio in gediegenes Gold umgewandelt war.

Diese Methode hatten die Alchemisten dem Schöpfungsvorgange der Welt abgelauscht, wie in einem besonderen Aufsatz dargelegt werden soll: „Freue dich, höchstes Geschöpf der Natur, du fühlest dich fähig, ihr den höchsten Gedanken, zu dem sie schaffend sich aufschwang, nachzudenken. Hier stehe nun still und wende die Blicke rückwärts", sagt Goethe in den Gedichten „Gott und Welt". Auch wir wollen den Blick jetzt rückwärts wenden und sehen, wie sich in kurzen Zügen der Schöpfungsvorgang der Welt in den 7 alchemistischen Stufen darstellt.

Gott schuf im Anfang der creatio die Urmaterie aesch-majim (zusammengesetzt aus aesch=Feuer und majim=Wasser), das unsichtbare Feuerwasser, das Form und Stoff, Geist und Materie enthaltende Chaos. Durch die coagulatio wurde die unsichtbare Urmaterie zu einer homogenen Masse, in der alle Elemente im gleichmäßigen Gemisch vereinigt waren. Durch die Einwirkung des ruach elohim, des über der Tiefe schwebenden Geistes Gottes (auch „Weltseele", anima mundi) fand dann in der separatio die Trennung der unteren elementarischen Wasser von den oberen geistigen Wassern statt, die dann durch die Veste dauernd erhalten blieb, doch so, dass der Feuergeist, der in der Sonne, dem Monde und den übrigen Planeten sich konzentrierte, auf die elementarischen Wasser als Ferment wirkte. Durch diese fermentatio trat das feste Land aus der Wassermasse hervor, die feurige Hitze zog sich in das Erdinnere zurück, wodurch die Möglichkeit einer Entwickelung des Lebens auf der Oberfläche der Erde gegeben war.

> „Da regt es sich nach ew'gen Normen
> Durch tausend, abertausend Formen,
> Und bis zum Menschen hat es Zeit."
> (Goethe, Faust II. Teil.)

Es ist ein großartiger Gedanke der mittelalterlichen Alchemisten, der unter dem neuen Namen „Theosophie" abermals zu allgemeinerem Leben erweckt wurde, dass diese unendlich lange Entwicklungsreihe alles irdischen Daseins, von den unorganischen Mineralien und den mathematischen Formen der Kristalle durch die verwirrende Mannigfaltigkeit der Lebeformen des Pflanzen- und dann des Tierreiches bis zu dem Geistesleben des Menschen, nur eine immer weiter schreitende Vergeistigung der Materie, als eine immer reinere Darstellung der schöpferischen Weisheit Gottes zu betrachten sei, indem in einer unaufhörlichen putrefactio eine Umwandlung der Materie durch Geburt und Tod materieller Wesen zu immer reineren, geistig vollkommeneren Wesen bis zur generatio des Menschen stattfindet, der deshalb am sechsten Schöpfungstage als die Krone der Schöpfung erschien, weil in ihm zuerst der Geist Gottes zu freier Entwicklung kam, weil durch ihn zuerst der göttliche Geist sich von der Materie zu befreien vermochte, was der Weltseele, dem Feuergeiste, nicht möglich war, der stets an die Materie gekettet bleibt, so lange sie existiert. Daher ruhte auch Gott fortan von dem Schöpfungswerke, weil damit die exaltatio vollendet war, der Geist, frei von den Fesseln der Materie, sich zum Himmel aufschwingen konnte, Freilich ist dies Ruhen der schöpferischen Kraft kein Aufhören oder Nachlassen derselben, denn wie in 7 Perioden die Welt geschaffen wurde, so wird auch in 7 Perioden ihr Dasein sich vollenden.

Mit dem Auftreten des Menschen war nur die creatio abgeschlossen, die coagulatio, die Konsolidierung aus den Urnebeln und der Urflut. Aber sie ist nicht bestimmt zu ewiger Dauer. Auch sie wird nach einer weltgeschichtlichen Entwicklung von 7 Zeitperioden in der separatio in ihre Grundstoffe wieder aufgelöst werden. Das innere Zentralfeuer wird in seiner vollen Kraft hervorbrechen, eine neue fermentatio der Welt beginnen und alles in eine wilde Gährung geraten. Aber durch die läuternde Kraft des Feuergeistes wird in der putrefactio die Materie sich mehr und mehr reinigen und in der generatio eine geistige Neugeburt vor sich gehen, ein neuer Himmel, eine neue Erde aus immateriellen Elementen in unvergänglicher Tracht und Schönheit entstehen, bis alle Materie in Geist umgewandelt, die exaltatio vollendet und der große Sabbath angebrochen ist, die Ruhe nach der stürmischen Weltengährung, der Friede nach dem Kampf der Elemente, die lichte Vollkommenheit des geistigen Daseins nach dem dunklen Todesringen der Materie.

Wie auf den Makrokosmos der Welt, so wandte man diese

Verwandlungsgrade auch auf den Mikrokosmos des Menschen an, sowohl auf seine Entstehung im Mutterleibe bis zu seiner Geburt, wie auf seine geistige Entwicklung während seines Erdenlebens. Durch die creatio tritt er aus der Finsternis an das Licht der Welt, zwar aus einem Erdenkloß gebildet, aber von dein geistigen Lebenshauche Jehovahs erfüllt. In dieser coagulatio heterogenster Bestandteile lebt er in 7 Lebensperioden, bis er sein irdisches Ziel erreicht hat. Während dieser Zeit lösen sich allmählich die reineren, geistigen Elemente seiner Seele durch die separatio von den niederen, sinnlichen Trieben, und dadurch bereitet der Mensch dem göttlichen Lebenskeim einen geeigneten Nährboden zum Gedeihen, der eine gewaltige Gährung in ihm hervorruft, in welcher fermentatio, der in den reineren, geistigen Sphären entwickelte Geist, die niederen Triebe zu durchgeistigen, für edlere Lebenszwecke zu gewinnen und zu idealeren Höhen emporzuziehen sucht. Immer wirkungsvoller wird die geistige Lebenskraft, bis die unreinen, irdischen, materiellen Gelüste in der putrefactio mehr und mehr absterben und in der generatio die Entwicklung eines höheren, geistigen Wesens fördern, welches an die Stelle des irdischen, sterblichen Menschen einen geistigen, unvergänglichen Menschen setzen, der schon hienieden in der exaltatio sich zu Gott zu erheben und mit ilkm sich zu vereinigen vermag.

Wie wollen jetzt noch sehen, in welcher Weise man die Entwicklungsreihe der sieben Stufen auch auf Christus anwandte: Die Fülle des göttlichen Geistes senkte sich in den jungfräulichen Schoß einer reinen Magd (creatio) und wurde Fleisch (coagulatio) worauf er als Mensch geboren wurde (separatio) und ein Leben führte, das vom göttlichen Geiste geleitet, gereinigt und durchglüht wurde (fermentiato), bis er gekreuzigt und begraben ward (putrefactio). Am dritten Tage aber stand er neugeboren wieder auf von den Toten (generatio) und fuhr auf zum Himmel (exaltatio), um dort mit seinem Vater im reinen Lichte und zu einem ewigen Leben vereint zu sein.

10. Vom Wert der Spagyrik

Ernst Hentges

Spagyrik heißt – der ursprünglichen Wortbedeutung nach die Kunst des Trennens und Vereinigens. Diese Kunst hängt mit dem Stoffproblem der Alchimie eng zusammen; wir können daher nicht umhin, die diesbezüglichen Ansichten der hermetischen Philosophie kurz zu resümieren. Nach den Lehren der hermetischen Philosophie bestand jeder Körper aus vier Elementen: Feuer, Wasser, Erde und Luft. Das Problem der Urstoffe hat schon die alten Naturphilosophen von der ionischen Schule vielfach beschäftigt. Die Lehre von den Elementen geht eigentlich auf Empedokles von Agrigent (492 bis 432 v. Chr.) zurück. Empedokles selbst bezeichnete die Elemente noch nicht mit dem später üblichen Namen, sondern als „die Wurzel von allem". Die Materie besteht aus den vier Elementen, die Empedokles in mythologische Formen und Worte hüllte, wohl um das eigentümlich Lebendige der Elemente zu bezeichnen. Der blitzende Zeus ist das Feuer, Aldoneus ist die Erde, Nestis (wahrscheinlich eine sizilische Wassergöttin) das Wasser, Hera die Luft. Zwischen dem Feuer, als dem vorzüglicheren, und den drei übrigen Elementen setzte Empedokles eine Art Antagonismus. Alle vier aber werden abwechselnd durch die Liebe vereinigt und durch den Streit getrennt. Im Urzustand der Dinge waren alle Elemente durch die Liebe (Attraktion) untereinander gemischt, zu dem Sphairos, mit der Zeit aber kam der Hass (Repulsionskraft) herein, trennte das Gemischte von einander, so dass Einzelwesen entstanden. Herrscht der Hass ausschließlich, so können diese nicht mehr existieren, bis die Liebe wieder Gewalt bekommt, Einzelwesen entstehen lässt und volle Einigung wieder herbeiführt, in der es wieder nichts Einzelnes gibt. Nicht die Anzahl der von Empedokles geforderten Elemente ist das Wesentliche seiner Lehre, zumal die Vierzahl (Tetraktys) schon durch die Pythagoräer nahegelegt war und auch schon bei Heraklit vorgebildet schien, sondern der Umstand, dass er den Begriff des Elements eingeführt und gefordert hat. Elemente können nicht in einander übergehen, sondern nur zeitweilige Verbindungen mit einander eingehen, sich mischen und wieder trennen.

Aristoteles (384 bis 322 v. Chr.) hat die Lehre der vier Elemente Feuer, Luft, Wasser und Erde von Empedokles übernommen und durch

Hinzufügen eines fünften Elementes (quinta essentia) für die Folgezeit wissenschaftlich festgelegt. Dieser Begriff ist bis auf den heutigen Tag als unausrottbares physikalisches Überbleibsel aus der Volksphysik nicht geschwunden. „Nicht blos Gesetz und Recht – bemerkt Ludwig Stein in seiner „Geschichte der Philosophie bis Plato", S. 178 – erben sich nach dem Worte Goethes wie eine ewige Krankheit fort, sondern auch physikalische Irrtümer, zumal dann, wenn sie von einer so erdrückenden Autorität gedeckt erscheinen, wie Aristoteles, der „summus philosophus" der späteren Scholastik, für das mittelalterliche Weltbild sie bedeutete".

In den Problemkreis der mittelalterlichen Alchimie ist die aristotelische Lehre von der „fünften Essenz" namentlich durch Raimundus Lullus (1234-1315) eingeführt worden, der unstreitig der berühmteste Alchimist und Mystiker des 13. Jahrhunderts war. Seither suchten die Alchimisten zu therapeutischen Zwecken die Naturstoffe zu veredeln, die quinta essentia oder die Quintessenz zu gewinnen, welche gewissermaßen die unvergängliche Synthese der vier Urqualitäten sein soll.

Diese vier Urqualitäten manifestieren sich durch drei wesen- oder substanzbildende Prinzipien. Diese drei Prinzipien, die nach der Meinung der Alchimie des Spätmittelalters und der beginnenden Neuzeit die ganze Welt zusammensetzten, wurden Mercur, Sal und Sulphur genannt. Mercurius war das Flüssige, Metallische, die Aquisitos; Sulphur das Brennbare, die Oleositas; Sal das Konsistente des Stoffes, die Consistentia. Die Entstehung dieser für das alchimistische Denken so wichtigen Begriffsbildungen erklärt Karl Chr. Schmieder (in seiner „Geschichte der Alchemie", S. 7) folgendermaßen: „Die angenommenen Bestandteile der Metalle belegte man tropisch mit bekannten Namen. Denjenigen, welcher Metallglanz, Schmelzbarkeit und Dehnbarkeit zu geben schien, nannte man Mercurius, und diesen hielt man für den wesentlichsten Metallstoff. Man hatte durch Kalzinationen einen dunklen Begriff vom Sauerstoff erlangt und nannte ihn Sal, als Ursache der Einäscherung, auch der Härte und Sprödigkeit der Metalle. Sie kannten viele Erscheinungen der Reduktion, nannten das Desoxydierende Sulphur und schrieben ihm besonders die Färbung der Metalle zu. So erwuchs ein System der metallischen Chemie, worin drei Potenzen: Mercurius, Sal und Sulphur im Wechselspiel tätig sind".

Das war die Stofflehre der Trimaterialisten. Ihnen stellt Schmieder die Mystiker unter den Alchimisten gegenüber, „denen es weniger darauf ausging, die Geheimnisse der Alchimie zu erklären und welche überhaupt nicht nach klaren Begriffen strebten, sondern glaubten genug zu tun, wenn sie Analogien in der Natur aufsuchten. Daraus erwuchs keine Theorie, wohl aber eine Masse von bildlichen Vorstellungen, welche der Menge plausibel genug erschien. Diese Mystiker adoptierten eigentlich die poetische Idee der Araber vom lebendigmachenden Geist, führten sie aber weiter aus, indem sie Beispiele aus der organischen Schöpfung hernahmen und neue Kunstwörter danach wählten".

Aus beiden Tendenzen erwuchs ein wunderlicher Synkretismus. Bei näherem Zusehen erkennt man jedoch, dass eigentlich die mystischen Analogisten vorherrschend blieben, und zwar namentlich insofern es sich um therapeutische Anwendungen der Alchimie handelt. In Analogie zum menschlichen Organismus präsumierte man in allen Naturstoffen drei Bestandteile, nämlich einen physischen Körper, eine fluidale Seele und einen Geist (Essentia, Anima, Spiritus).

Da nach der Meinung der Alchimisten jeder Körper außer den drei wesenbildenden Prinzipien Mercurius, Sal und Sulphur noch – namentlich in therapeutischer Hinsicht – unnütze Substanzen, Abfallstoffe (Faeces) enthält, die Paracelsus als Phlegma oder caput mortuum bezeichnete, so suchte die Spagyrik, als Kunst des Trennens und Vereinigens, aus den Naturstoffen den Lebensgeist, den Astralkörper, zu lösen und auf ein neues Substrat zu binden. Solche Aufbereitungen der Naturstoffe zu Heilzwecken war das Hauptziel der Spagyrik. So schreibt Paracelsus zu Beginn seines „Opus Paragranum": „Wenn der Arzt nicht sehr erfahren in der Chemie ist, so nützt ihm alles Wissen nichts. Die Alchimie ist das einzige Mittel, um die Stoffe der Natur zu vervollkommnen. Man würde als Barbaren jeden verschreien, der sein Fleisch roh und ohne Zubereitung isst. Ähnlich verfährt jedoch der Arzt, der von der Alchimie nichts versteht und Medikamente in dem Zustand verschreibt, wie der Apotheker sie feilbietet".

In diesem spagyrischen Veredelungsprozess spielte die Putrefaktion, Fäulnis oder Gärung, eine kapitale Rolle. Hierbei war auch wieder ein Analogieschluss von ausschlaggebender Bedeutung.

Nach der Lehrmeinung der mittelalterlichen Alchimisten waren die Naturstoffe, einschließlich der Mineralien, keine leblosen Wesen. Aus dem Vorgang der Kristallisation der Mineralien entstand die Vorstellung vom Wachstum dieser Körper, ähnlich wie in der Pflanzenwelt. Da der pflanzliche Samen aber nur gedeiht, wächst und Früchte trägt, wenn das Erdreich geziemend gedüngt wird, so glaubte man auch die wirksamen

Prinzipien der Heilstoffe nur lösen zu können durch einen entsprechenden Gärungs- oder Fäulnisprozess. Durch die Putrefaktion sollte das Phlegma oder caput mortuum des Heilstoffes abgeschieden und dessen vitale Kräfte freigelegt werden. Das war alsdann die vielgerühmte Quintessenz dieses Stoffes. Die Quintessenz enthielt nicht nur die Summe aller Kräfte der Ausgangssubstanz in gesteigerter und veredelter Form, sondern sie war auch ihrerseits unbegrenzt haltbar und keiner Veränderung unterworfen. Die Idee der alchimistischen Quintessenz fand ihren Ausgangspunkt mutmaßlich in dem Vorgang der Destillation. Der durch Destillation des Weines gewonnene Alkohol stellte gewissermaßen dessen Quintessenz dar, denn der Alkohol besaß alle Eigenschaften des Weines in gesteigertem Maße und war zudem unverderblich. Der inaktive Rückstand des Destillates entsprach ganz der Vorstellung von dem caput mortuum. Darauf weist allein schon der Name Alkohol hin, welcher ursprünglich im arabischen bedeutete: das feinste, reinste Wesen einer Sache. Geistige Getränke sind schon in den ältesten Zeiten bei sehr vielen Völkern bekannt gewesen und wurden aus zucker- oder stärkemehlhaltigen vegetabilischen Stoffen, aber auch aus Honig oder Milch erhalten. Im 8. Jahrhundert gewann man durch Destillation von Wein unreinen Weingeist, welchen Raymund Lullus durch kohlensaures Kali entwässerte. Wegen seiner belebenden Wirkungen wurde der Alkohol, Weingeist, tatsächlich als eine Quintessenz angesehen, was allein schon die lateinische Bezeichnung aqua vitae (Lebenswasser) beweist. Die medizinischen Wirkungen des Alkohols waren bereits verschiedenen arabischen Schriftstellern bekannt, und auch Arnauld de Villanoa behandelt diese in seinen beiden Schriften „De vinis" und „De aquae vitae simplici et composito". Auch den mittelalterlichen Wundärzten war die desinfizierende Kraft des Alkohols wohlbekannt, wie die zahlreichen Andeutungen der Wundbehandlung mit Wein bezeugen. Rupescissa singt in seinem Buch „La Vertu et la Propriete de la Quintessencee" (Lyon 1549) einen wahren Lobhymnus auf den Alkohol: „Um ein universelles Heilmittel zu erhalten, muss man eine Substanz nehmen, die sich zu den vier Elementen dieses Körpers verhält, wie sich der Himmel zu den vier Elementen verhält. Nun ist aber der Weingeist unverderblich wie der Himmel und besitzt keine der vier elementaren Qualitäten. Er ist in der Tat warm und trocken wie das Feuer, weil er die hitzigen Krankheiten zurückdrängt, er ist anderseits auch nicht kalt und trocken wie die Erde, weil er den Körper erhitzt, usw." Außerdem schützt er organische Körper vor der Verwesung. „Wenn der Weingeist einen toten

Körper vor der Verwesung bewahrt – schreibt Rupescissa weiter – um wie viel mehr vermag er einen lebendigen Körper hiervor zu schützen. Da der Weingeist dem Himmel ähnlich ist, muss man ihm die Planeten beigesellen, das heißt dies oder jenes Metall, welche gleichsam die Sterne der Erde sind".

Nachdem Pupescissa eingehend die Goldtinktur beschrieben hat, erwähnt er weiterhin die verschiedenen vegetabilischen Tinkturen. Bereits früher hatte Paracelsus dem gleichen Gedanken Ausdruck verliehen, dass die Pflanzen gewissermaßen die Sterne der Erde sind. Paracelsus war der markanteste Exponent der spagyrische Heilkunst. Sein Einfluss erstreckte sich auch auf die weitere Entwicklung der wissenschaftlichen Medizin. Während die antike Medizin unter dem Einfluss der Lehren Hippokrates chronische Leiden durch diätetische Maßnahmen zu heilen suchte, unterscheidet sich die Medizin der Renaissance durch die Tendenz, akute Leiden durch besondere, spezifische Mittel zu heilen. Paracelsus und seine Schule suchten mit Hilfe der Signaturenlehre für jeden Naturstoff besondere Heilindikationen auszuklügeln. Diese Lehre war der Ausgangspunkt zu jener Tendenz, die auch noch in der heutigen Medizin fortlebt, für jedes Leiden ein spezifisches Heilmittel zu finden.

Das Zentralproblem der gesamten Alchimie war die Erzeugung von künstlichem Gold. Da die spagyrische Heilkunst aus den gleichen Denkvoraussetzungen hervorging, glaubte man auch in der spagyrischen Aufbereitung des Goldes eine Universalmedizin, eine Panacee, zu finden, welche die Krankheiten an der Wurzel treffen und alle Leiden beseitigen würde. Diese Quintessenz des Goldes sollte das vielgerühmte Aurum potabile sein, das Paracelsus folgendermaßen definiert: „Aurum potabile ist das Goldt, so trincklich mit anderen speciebus und liquoribus vermischt". Von der Heilkraft des Aurum potabile hält Paracelsus sehr viel, wie der nachstehende Ausspruch beweist: „So ist aber eine solche mechtige krafft in den Artzneyen, das sie feucht unnd drucken, heiß unnd kalt heilen. Darumb und wir ein heilung setzen auff alle Lämi und Contracturen. Als durch das Aurum potabile, deß wir uns nicht verwundern: Dann es ist also ein wunderbarliche wirckung in dem Goldt, das kein höher grad erfunden wirdt zu stercken die Natur, durch die dann all kranckheiten geheilt sollen werden".

Über die Vorzüge des Aurum potabile schreibt Joseph du Chesne in seinem „Traicte familier de l´exacte preparation spagyrique des medicaments pris d´entre les metaux, animaux et vegetaux, etc." (Paris 1624) folgendes: „Die

Spagyriker kennen jedoch ein besseres Verfahren, denn sie gewinnen aus dem Gold eine Tinktur, eine Quintessenz, die mit Erfolg bei vielen unheilbaren Krankheiten, besonders bei tiefen Schankergeschwüren, benutzt wird. Das auf diese Art erschlossene subtile Prinzip des Goldes gelangt leicht zur Leber, zum Herzen und zu allen Teilen des Körpers. Die quintessentielle Tinktur des Goldes ist der Auszug aller wirksamen Eigenschaften desselben, selbst seiner Farbe derart, dass der nicht benutzte Goldrückstand ganz weiß bleibt".

Die Rezepte zur Herstellung des spagyrischen Goldes variieren sehr stark von einem Autor zum andern. In einigen Vorschriften werden über hundert Arten von aromatischen Pflanzen, organischen und mineralischen Ingredienzen aufgezählt, welche gemeinsam mit der Goldlösung destilliert werden müssen. Alfred Müller veröffentlichte in den „Alchemistischen Blättern" 1927, Heft 4-6, Seite 77, nach dem Manuskript eines Alchimisten C. D. v. A. folgende Anleitung zur Herstellung der Quintessenz des Goldes: „Man mache ein Scheidewasser von Vitriol und Salpeter und tue darein bereitetes gewöhnliches Salz, soviel es auflöst. Danach sättige man es mit Blattgold, bis es nach drei oder vier Tagen, in mäßiger Wärme gehalten, nichts mehr annimmt, sondern auf dem Boden etwas unaufgelöst oder wie ein Kalk liegen bleibt. Dann gieße man die recht feurige, gewöhnliche Quintessenz des Weines dazu, setze es auf einen heißen Ofen, so wird die Quintessenz oder Tinktur des Goldes mit dem vom Wasser befreiten Weingeist rot wie Blut obenauf schwimmen. Dann gieße man es behutsam ab und wiederhole das Aufgießen, bis das rektifizierte Wasser keine Tinktur weiter auszieht. Danach trockne man das Gefärbte, und indem man es wieder auflöst und eindickt, so wasche man es mit reinem Wasser ab, bis die Schärfe vom Scheidewasser verschwindet. Alsdann lasse man es in rechtem Gewicht vom Weingeist, der nicht einen Tropfen Wässerigkeit in sich habe, auflösen und auf philosophische Art (!) faulen, so dass beide miteinander aufsteigen, so wird man die Quintessenz des Goldes mit Hilfe des Weingeistes haben, welche wie durch ein Wunder alle Krankheiten radikal heilt und alle vorhin genannten Eigenschaften hat. Denn die Tinktur des Goldes stellt die Seele, der Weingeist aber den Körper und Geist dar und sie können durch kein Mittel der Welt wieder von einander geschieden werden. Also ist es eine vollkommene Quintessenz, und ohne den Geist wäre es keine Quintessenz und die kleinste Dosis davon würde dem Menschen tätlich sein, wie oben gesagt, würde man dieselben nicht weiter noch behandeln. Jedoch wenn man, indem man die Goldtinktur aufsteigen lässt, ihr einen Übergang in ihren Körper gibt, es rötet und in gewöhnlichem Wasser auflöst, so findet man ohne fremden Zusatz des Goldes wahre Quintessenz. Oder auch auf kürzere Art kann solches gemacht werden, indem man von dem Körper des Goldes das Scheidewasser abrauchen lässt und es vom Salze auswäscht, alsobald reverberiert, und so auch den Geist oder die Tinktur behandelt, bis sie in gewöhnlichem Wasser sich auflösen, und alsdann sie zusammen figiert. Dieses ist der vollkommenste und feinste Weg".

Analog zur Goldtinktur bereitete man auch eine spagyrische Tinktur des Silbers, welche nach Kircher („Mundus subterraneus", Amsterdam 1645, oder auch „Oedipus Aegyptiacus", Rom 1652) sehr wirksam gegen Krankheiten des Gehirns, Epilepsie, Wassersucht, Paralysie u. ä. sein soll. In gleicher Weise bereitete man auch Tinkturen von den übrigen Metallen Kupfer, Eisen usw., die je nach ihrer planetaren Affinität gegen spezielle Leiden benutzt wurden. Neben den metallischen Tinkturen spielten auch die Quintessenzen des Pflanzenreiches, nach Maßgabe ihrer besonderen Signaturen, eine ganz besondere Rolle in der Spagyrik. Die Trennung der vier Elemente bei den vegetabilischen Naturstoffen suchten die Spagyriker vornehmlich durch die Destillation zu erreichen. So finden wir beispielsweise in dem Büchlein „Destillationskunst" von Brunschwig aus dem Jahre 1520 folgende Anleitung: „Das Schönwurzkraut wird zur Sommerzeit mit Blüten, Blättern, Stengeln und Wurzeln gesammelt, gewaschen, kleingehackt und zerstoßen und in einen gläsernen Kolben getan. Dieser wird verschlossen und zum Dirigieren und Putrefizieren (gären und faulen) drei Wochen lang ganz in warmen Pferdemist gesetzt. Es geht dann das Ganze in eine weiche Masse über. Der erste Verschluss wird entfernt und der Destillationshelm (Alambic) aufgesetzt und die Masse im Wasserbad bei gelindem Feuer destilliert. Dann geht von den vier Elementen das Wasser oder Phlegma über. Der feste Rückstand im Kolben mit den drei übrigen Elementen wird herausgenommen, fein zerrieben und dann mit dem abdestillierten Wasser wieder in den Kolben getan. Das von neuem verschlossene Gefäß wird acht Tage lang in warmem Wasser dirigiert. Darauf wird der Verschluss wieder entfernt, wieder der Helm aufgesetzt und auf dem Aschenbade destilliert. Dann geht ein schön gelbes, wassergleiches über, das sind nun die beiden Elemente Wasser und Luft. Am Boden des Kolbens bleiben Feuer und Erde. Um das Wasser von der Luft im Öl zu scheiden, wird das Öl in einem neuen Kolben, der in siedendem Wasser erhitzt wurde, abdestilliert. Dann ging das gewöhnliche

Wasser über, und die höher siedenden Bestandteile, die Luft des Öls, bleiben zurück. Um das Feuer von der Erde zu trennen, wird der Rückstand aus dem Kolben fein zerrieben, mit vier Teilen Wasser in dem Kürbiskolben acht Tage lang digiriert. Nach dem Erkalten wird wieder der Helm aufgesetzt und auf dem Sandbade bei starkem Feuer erhitzt. Dabei geht eine Flüssigkeit über. Es ist das Feuer, aber mit Wasser gemischt; das noch einmal, zur Entfernung des Wassers, im Wasserbade erhitzt werden muss. Das Feuer bleibt als rotes Öl zurück. Die Erde ist schließlich ein schwarzer, unreiner Rückstand auf dem Boden des Kolbens. Sie wird herausgenommen und zehn Tage lang bei starkem Feuer kalziniert. Dann löst man sie im Wasser und destilliert sie so lange um, bis sie rein weiß geworden. Dann ist die Ernte zu ihrer höchsten Subtilität gebracht und ihre Quintessenz ist gewonnen".

Die Rezepte zur Herstellung der spagyrischen Tinkturen und Quintessenzen variieren sehr stark von einem Autor zum andern, doch alle haben sie das gemeinsam, dass ein bestimmter Stoff bei gelinder Wärme allmählich in Gärung und Fäulnis übergeführt wird. Das ganze Geheimnis der Spagyrik bestand in einer kunstgerechten Leitung der Putrefaktion. De spekulative Naturphilosophie, die in den Lehren der Alchemisten ihren Kulminationspunkt erreicht hatte, wurde im 18. Jahrhundert von der experimentellen Naturwissenschaft verdrängt. Lavoisier gab der Alchemie den Todesstoß. Lavoisier wird bekanntlich als besonderes Verdienst angerechnet, die Wage bei seinen chemischen Versuchen benutzt zu haben, genaue Wägungen und Messungen zum Ausgangspunkt seiner theoretischen Schlussfolgerungen gemacht zu haben. Dies war aber auch bereits 700 Jahre früher bei den arabischen Alchimisten der Fall! Alexander von Humboldt (Kosmos II. 239) charakterisiert die wissenschaftlichen Leistungen der Araber dahin, dass sie zu den ewigen Quellen der griechischen Philosophie zurückführten und dazu beitrugen die wissenschaftliche Kultur zu erhalten, sie erweiterten und der Naturforschung neue Wege wiesen. Die Alchimie wird bei ihnen zur „Wissenschaft der Wage" bei der es gilt, die Zusammensetzung, das Verhältnis der Grundstoffe und ihre Beziehungen quantitativ zu bestimmen. Bevor die Alchimie im Zeitalter der sogenannten Aufklärung endgültig erlosch, erlebte sie noch kurz, namentlich in Deutschland, eine letzte Blüteperiode. Die alten alchimistischen Schriften erlebten neue Auflagen, und bedeutende Männer wie beispielsweise Friedrich d. Gr. und Goethe beschäftigten sich theoretisch und praktisch mit Alchimie und Spagyrik.

Dann verschwand diese Kunst allmählich aus dem Kreis des allgemeinen intellektuellen Interesses.

Bald darnach entstand jedoch ein heilkundliches System, das in schroffem Gegensatz zur offiziellen Medizin steht und in dem unverkennbar Grundgedanken der Spagyrik enthalten sind, nämlich in der Homöopathie Hahnemanns. In der Homöopathie tritt die Arzneimittelwahl nach dem Ähnlichkeitsprinzip in Parallele zur früheren Signatarenlehre und die durch Verdünnungen angestrebte Dynamisierung des Arzneistoffes entspricht den spagyrischen Manipulationen zur Gewinnung der Quintessenz. In Cullens „Materia medica" fand Hahnemann zufällig die Bemerkung, dass eine starke Dosis China imstande sei, Wechselfieber zu erregen, wie sie es auch zu heilen vermöge. Hahnemann erprobte diese Wirkung am eigenen Körper und dies bildete den Ausgangspunkt zu seiner Lehre. Hahnemann entdeckte auf diese Weise, und zwar in toxikologischer Hinsicht, das bereits von Hippokrates aufgestellte Ähnlichkeitsgesetz wieder. Die Signaturenlehre der Paracelsisten, welche auf Ähnlichkeiten der Form und Farbe aufgebaut war, war notwendigerweise naiv-primitiv und musste zu phantastischen Schlussfolgerungen führen, da es damals naturgemäß an den erforderlichen toxikologischen Kenntnissen fehlte.

Durch die Potenzen sucht die Homöopathie nicht eine Verdünnung, sondern dem Wortsinn gemäß eine Steigerung, eine Verstärkung der wirksamen Substanz herbeizuführen, und dies entspricht ganz der Auffassung der Spagyriker von der Quintessenz. Der homöopathische Potenzbegriff steht allerdings in schroffem Gegensatz zu dem heutigen physikalischen Denken. Dies ist wohl der hauptsächlichste Grund, weshalb die Homöopathie in Misskredit steht bei der offiziellen Medizin. Die Lehre der modernen Reizkörpertherapie nimmt allerdings an, dass dieselben Stoffe, welche in großen Dosen genommen schädigend auf den Körper einwirken, in kleinen Dosen den Körper zur Erzeugung von Schutzstoffen anregen und insofern zur Heilung beitragen. Andrerseits ist auch bekannt, dass die Tätigkeit aller Katalysatoren im wesentlichen auf ihrer feinen Verteilung, auf einer Oberflächenwirkung beruht. Es ist nun denkbar und auch wahrscheinlich, dass durch die Verdünnung der Arzneimittel in der Homöopathie eine Steigerung der Flächenwirkung erzielt wird. Sehr anschaulich erläutert Dr. med. Heinrich Will („Die Grundgesetze der Homöopathie") dies in folgendem: „Ein Tropfen Urtinktur und neun Tropfen Alkohol, kräftig verschüttelt, bilden die erste Dezimalpotenz, im Ganzen also zehn Tropfen Substanz. Diese zehn Tropfen entsprechen zehn in Front aufmarschierenden Soldaten. Die zweite Dezimalpotenz ist dann eine Front von hundert Soldaten, die dritte eine solche von tausend Soldaten usw." Die Wirkung der Kolloide, die in letzter Zeit in der offiziellen Medizin immer mehr Eingang finden, ist ebenfalls auf die feine Substanzverteilung zurückzuführen. Ein Kolloid ist ein Zustand der Materie, wo es sich – bei unorganischen Verbindungen – nicht um echte Lösungen, sondern nur um feinste Massenverteilungen fester Partikeln in Wasser handelt, die in der Hauptsache durch elektrische Kräfte schwebend erhalten werden.

Eine Abart der Hahnemann'schen Homöopathie, bzw. eine direktere Weiterführung der spagyrischen Medizin bildet die von dem italienischen Grafen Cesare Mattei (1809-1896) begründete Elektrohomöopathie. Während Hahnemann die homöopathischen Mittel nach den offizinellen Verfahren mit Alkohol oder Milchzucker bereitete, wählte Mattei für seine Heilmittel bestimmte für gewisse Krankheitsgruppen zweckmäßig ausgewählte Kräuter, die er stets einem längeren Gärungsprozess unterwarf, wodurch alsdann eine Art „Elektrizität" frei werden sollte, weshalb er sein System als Elektrohomöopathie bezeichnete. Die Verfahren zur Herstellung der elektrohomöopathischen Arzneimittel hat Mattei jedoch mehr oder weniger geheim gehalten. Soviel steht jedoch fest, dass diese Arzneimittel im Gegensatz zu den homöopathischen Mitteln gewisse Fermente enthalten, wodurch sie den eigentlichen spagyrischen Präparationen näherstehen als den gewöhnlichen homöopathischen Mitteln. Die offizielle Wissenschaft hat die Elektrohomöopathie bisher völlig ignoriert, trotzdem diese wegen ihrer Heilerfolge ziemlich verbreitet ist.

An dieser Stelle muss auch noch der elektro-spagyrischen Zimpelmittel gedacht werden, die von der Chem.-Pharmaz. Fabrik (Apotheker Karl Müller) in Göppingen (Württbg.) nach den Originalrezepten des Dr. phil. et med. Zimpel hergestellt werden und denen eine große Heilwirkung nachgerühmt wird.

Es ist heute üblich, über die Spagyrik als ein Überbleibsel der mittelalterlichen Heilkunst mitleidig zu lächeln. Für solche Dinge hat der moderne Wissenschaftler nur ein geringes historisches Interesse übrig. Wie in letzter Zeit die Homöopathie von verschiedener Seite, so namentlich durch die Untersuchungen des bekannten Chirurgen Prof. Dr. August Bier, Berlin, eine gerechtere Beurteilung erfuhr, so wird auch jetzt die Wirksamkeit des spagyrischen Präparate dein wissenschaftlichen Verständnis näher gerückt, und zwar durch die epochale Entdeckung des

„Atmungsfermentes" durch Prof. Dr. Otto Warburg, dem diesjährigen Nobelpreisträger.

In der gesamten Tier- und Pflanzenwelt gibt es zwei grundsätzlich verschiedene Prozesse, die die Energie für alle Lebensvorgänge schaffen: Gärung und Atmung. Unter Gärung versteht man einen chemischen Prozess, bei dem sich Zucker in Alkohol, Milchsäure, Essigsäure oder ähnliche Substanzen zersetzt. Dieser chemische Vorgang erzeugt freie Energie, ohne dass Sauerstoff dazu notwendig ist: es wird also ohne eigentliche Verbrennung Wärme geliefert.

Atmung dagegen bedeutet Oxydation, Verbrennung organischer Stoffe mit Hilfe des Sauerstoffes. Im Stoffwechsel aller Lebewesen spielen sich beide Prozesse dauernd ab und ergänzen sich gegenseitig. Bei den höheren Tieren stellt sich der ganze Vorgang in eine „äußere" und „innere" Atmung. Die äußere Atmung erfolgt durch die Luftaufnahme durch die Lungen. Unter innerer Atmung versteht man die eigentliche Verbrennung und Energieproduktion. Beide Prozesse, Gärung und Atmung sind von Warburg eingehend untersucht worden. Er hat auf diesem Gebiete große Fortschritte für Wissenschaft und Menschheit erzielt. Seine entscheidende Entdeckung war das „allgemeine Atmungsferment".

Die meisten chemischen Prozesse, besonders Atmung und Gärung, werden von gewissen Stoffen beeinflusst, die den Vorgang wesentlich beschleunigen. Der Chemiker nennt diese Stoffe Katalysatoren. Katalysatoren sind Körper, welche durch ihre bloße Gegenwart, durch Kontaktwirkung, andere Körper, zu denen sie keine eigentliche Verwandtschaftskraft besitzen, zu Zersetzungen oder Verbindungen veranlassen, ohne selbst an diesen Prozessen teilzunehmen. Alle die Katalysatoren, die organische Prozesse beschleunigen, nennt man Fermente.

Warburg entdeckte nun einen auf die Atmung sehr wirksamen Stoff, der bei allen Lebewesen, von Pflanzen und Hefepilzen bis zum Menschen, nachzuweisen ist. Er nannte ihn das allgemeine biologische Atmungsferment und fand, dass es eisenhaltiger Stoff ist, der dem im Blutfarbstoff enthaltenen Hämin chemisch nahe verwandt ist. Das Atmungsferment ist nur in den allergeringsten, bisher nicht wägbaren Mengen vorhanden. Es ist in jeder Zelle vorhanden.

Seine mächtigen Wirkungen beruhen auf zwei Umständen, erstens auf dem Gehalt an Eisen und ferner auf seiner verhältnismäßig großen Ausbreitung an der Zelloberfläche. Durch diese Anordnung findet eine sehr intensive

Flächenwirkung mit dem heranströmenden Sauerstoff statt, den das Blut durch seinen roten Farbstoff, das Hämoglobin, im Körper transportiert. Der Sauerstoff wird vom Atmungsferment aktiviert, d. h. in Atome zerspalten, die dann ohne weiteres die Verbrennung des von den Zellstoffen abgegebenen Wasserstoffs besorgen.

Das von Hans Fischer künstlich hergestellte Hämin hat wie Warburg nachwies – die gleichen Eigenschaften wie sein Atmungsferment, bloß in viel geringerem Maße.

Hiernach ist der Gedanke naheliegend, dass die Heilkraft der spagyrischen Mixturen in ihren noch unerkannten chemisch-physiologischen Vorgängen in einer katalytischen Wirkung bestehen, ähnlich wie Warburgs Atmungsferment. Die Spagyriker, namentlich die späteren Rosenkreuzer, haben sich stets gerühmt, ein wirksames Mittel gegen Krebs und Lupus zu besitzen, und auch einige nach solcher Vorschriften heutigentags hergestellte Präparate sollen eine tatsächliche Wirksamkeit gegen solche Leiden besitzen. (Vgl. Surya, Rationelle Krebs- und Lupuskuren.) Sehr wichtige Arbeiten hat Warburg auch über das Krebsproblem geliefert. Er wies nämlich nach, dass der Stoffwechsel der Krebszellen überwiegend auf dem Gärungsprozess und viel weniger auf der Atmung beruht, wie bei normalen Zellen, Krebsartige Gewebe verbrauchen also verhältnismäßig wenig Sauerstoff. Es handelt sich bei Krebszellen um eine eigenartige Stoffwechseldegeneration, wobei der Gärungsprozess überhand nimmt und die Sauerstoffverbrennung verkümmert; was eine allmähliche Vergiftung der Zellen zur Folge hat. Wenn nach dem sarkastischen Eingeständnis Claude Bernard's die Medizin ein zweitausenjähriger Irrtum ist, so kann man die Geschichte der Wissenschaften als die Geschichte der menschlichen Irrtümer bezeichnen, denn die Wahrheit wurde stets nur auf mühseligen Umwegen gefunden. Sollte es daher nicht möglich sein, dass die Spagyriker, von völlig falschen Voraussetzungen ausgehend, dennoch Arzneimittel von ungewöhnlicher Heilkraft hergestellt haben, deren Wirkungsweise erst nach den neuesten wissenschaftlichen Entdeckungen begrifflich erklärbar wird?

11. Alchemistische Sätze

Thomas von Aquino

„Aristoteles lehrt im ersten Buch über die Meteore, dass es edel und lobenswert ist, durch tiefgründiges Nachdenken die Grundursache zu erforschen, die die bewunderungswürdige Übereinstimmung der Nebenursachen zustande bringt; und die Weisen, die in allen Dingen nur Wirkungen sehen, gehen denn auch soweit, den geheimen Ursachen nachzusinnen.

Wir sehen, dass die Himmelskörper eine ganz bestimmte Wirkung auf die Elemente ausüben und zwar durch die alleinige Kraft der Materie eines einzigen Elementes, da sie z. B. aus der Materie des Wassers die luftartige und die feuerartige Eigenschaft herausziehen können.

Jedes natürliche aktive Prinzip bringt während der Dauer seiner Tätigkeit eine Vervielfältigung seiner selbst hervor, so wie das Feuer, in Verbindung mit Holz gebracht, sich selbst als Feuer vervielfacht.

Wir werden hier nun von den wichtigsten wirkenden Kräften sprechen, die in der Natur vorhanden sind.

Die Himmelskörper zeigen sich unsern Augen stets in die wesentliche Form eines Elementes gekleidet, haben aber keinen Teil an dem Stoff dieses Elements; sie bestehen aus einer viel einfacheren und feineren Essenz als die körperlich gewordenen Erscheinungen ihrer selbst, die wir mit den Sinnen wahrnehmen. Und Rogerius hat dies vortrefflich so erklärt: Jedes aktive Prinzip, so sagt er, übt seine Wirkung aus nach dem Gesetz der Ähnlichkeit, indem es sich in das Prinzip des passiven Empfängers verwandelt, ohne jedoch spezifisch verschieden zu werden von dem aktiven Wesen, das es vorher war. Z. B. Feuer, in die Nähe von Werg (Arbeitsstoff) gebracht, ohne es jedoch zu berühren, wird wie jedes andere aktive Prinzip seine Spezies vervielfältigen; und diese Spezies wird vervielfacht und in dem Werg aufgenommen werden, genau so durch die natürliche und fortgesetzte Tätigkeit des Feuers wie auch durch die Fähigkeit der Passivität, die dem Werg eigen ist. Sie wird sich dann offenbaren bis zum vollkommenen Ablauf der Tätigkeit des Feuers. Hieraus erhellt, dass die Ähnlichkeit des Feuers nicht verschieden ist vom Feuer selbst – in spezie. Manche Stoffe nun besitzen eine so starke spezifische Wirkungstätigkeit, dass sie sie durch ihre eigene „Ähnlichkeit" selbst verstärken können, indem sie sich selbständig in allen Dingen vervielfältigen und sich selbst neu bilden: Wie eben das Feuer. Andere Wesenheiten dagegen können ihre Art nicht auf solche Weise vervielfältigen, indem sie jeden Gegenstand in sich selbst verwandeln, z. B. der Mensch.

Der Mensch kann nicht durch Vielfältig machen seiner Ähnlichkeit handeln; die Mannigfaltigkeit seines Wesens zwingt ihn stets, eine Mehrheit von Handlungen zu vollziehen. Deshalb besteht auch kein Zweifel, wie Rogerius im Buch „De Influentiis" beweist, dass, wenn der Mensch, wie das Feuer mittels „Ähnlichkeitserweckung" seine Wirkungen hervorbringen würde, die von ihm gezeugten Wesen in Wahrheit der Spezies „Mensch" nicht mehr angehören könnten.

Folglich, wenn die Himmelskörper ihre Wirkung auf ein Element ausüben, so handeln sie gemäß dem Gesetz der Ähnlichkeitserweckung und bringen dadurch ein ihnen selbst ähnliches Ding von beinahe der gleichen Spezies hervor. Wenn sie also das Element aus dem Element und das „dementierte" (das zum Element gewordene Ding) aus dem elementaren Ding erzeugen, so folgt daraus notwendigerweise, dass sie selbst Teil haben an der Natur der Elemente. Und um dies augenfällig zu verstehen, muss man beobachten, wie die Sonne aus mit Urinflüssigkeit gesättigten Körpern und aus sphärischen Kristallen „Feuer" erzeugt.

Bedenke, dass jedes aktive Prinzip – nach dem Beweis im Buch „De Influentiis" – seine Ähnlichkeit vervielfacht nach dem Gesetz einer geraden senkrechten Linie, was man klar sieht an dem Beispiel von Werg und Feuer, die sich zuerst an einem Punkt auf einer gedachten, senkrechten Linie vereinigen. Dasselbe nimmt man wahr, wenn der Harn oder der Kristall der Sonne ausgesetzt sind und die Sonnenstrahlen empfangen. Wenn man mittels eines Spiegels senkrecht darauffallende Sonnenstrahlen auffängt, so wird man sehen, wie diese Strahlen durch Wasser oder einen durchsichtigen Körper hindurchgehen, ohne sich darin zu brechen – gemäß der ihnen innewohnenden Kraft. Wenn hingegen ein solcher Strahl in einer nicht senkrechten Linie aufgefangen wird, so wird er sich an der Oberfläche des Körpers brechen und ein neuer Strahl wird sich in schräger Richtung abzweigen. Der Knotenpunkt der beiden Strahlen wird auf der gedachten senkrechten Linie liegen, und dies ist der Punkt der stärksten Kraft der Sonnenhitze; bringt man Werg oder irgendeinen anderen brennbaren Stoff in die Nähe, wird er sich sofort entzünden.

Aus all diesem geht demnach hervor, dass die „Ähnlichkeit" der Sonne – nämlich die Sonnenstrahlen –, wenn sie durch die stetige Wirkung der

Sonne selbst verstärkt ist, Feuer erzeugt. Die Sonne besitzt also das Prinzip und die Eigenschaften des Feuers, was man vermittels des Brennspiegels beweisen kann.

Diese Art Spiegel werden aus fein poliertem Stahl in einer Form hergestellt, dass sie imstande sind, (Strahlen-) Bündel der Sonne zu vereinigen und sie auf einen einzigen Punkt mit Weißglutkraft zu sammeln. Stellt man den Spiegel in der Nähe von Städten oder irgend andern Orten auf, die leicht in Brand geraten können, so ist man imstande, Feuersbrünste zu erzeugen, wie Athanasius sagt im Buch über die Brennspiegel.

Es ist offenkundig, dass die Sonne und die andern Himmelskörper in keiner Weise etwas von der Natur oder Eigenschaft der Materie des Elementaren an sich haben und folglich frei sind von Verwesbarkeit, Leichtheit und Schwere.

Aber man muss einen Unterschied zwischen den Elementen machen: Gewisse Elemente sind einfach und unendlich rein und haben nicht die Eigenschaft sich zu verwandeln, die nötig ist, sie bis zu einem andern Stand ihrer Art fortzuentwickeln, da sie keinen andern verlangen; die Materie, aus der sie gebildet sind, ist durch die vollendetste Form, die ihr zukommen kann, bereits bestimmt begrenzt. Aus solchen Elementen sind wahrscheinlich die Himmelskörper gebildet. Wir stellen das Wasser tatsächlich über Firmament und Kristall. Das gleiche können wir auch von den andern Elementen sagen, und aus diesen Elementen sind die Himmelskörper zusammengesetzt durch die göttliche Macht oder die Intelligenzen, in denen die göttliche Kraft wirksam geworden ist. Durch diese Elemente können weder Schwere noch Leichtigkeit erzeugt werden, da dies lediglich Eigenschaften sind, die nur dem derben, schweren Erdartigen anhaften. Immerhin bringen sie das Phänomen der Färbung hervor, da die Mannigfaltigkeit im Lichte von einem Fluidum aus der nichtwägbaren Stoffreihe herrührt. Diese Himmelskörper erscheinen uns in goldener Farbe und funkeln überdies, als ob sie selbst von einem Lichtstrahl getroffen wären, so wie ein vergoldeter Schild funkelt und glänzt, wenn er von den Sonnenstrahlen getroffen wird. Die Astrologen schreiben nun die Ursache des Funkelns und der goldenen Farbe der Sterne den erwähnten Elementen zu, wie es Isaac und Rogerius in dem Buche über das Gefühl genügend bewiesen haben, und da der Glanz durch gewisse Eigenschaften von Elementen verursacht wird, so geht daraus hervor, dass es in der Natur der Elemente begründet liegt.

Da aber diese Elemente in ihrem Naturzustand von unendlicher Reinheit und niemals mit einem minderwertigen Stoff vermischt sind, so folgt daraus notwendigerweise, dass sie sich in den Himmelskörpern mit etwas verkörpert und im richtigen Maße gemischt vorfinden müssen, so dass sie sich nicht voneinander trennen können. Dies darf uns keineswegs wundernehmen, denn, wie der Künstler der Natur nachhilft, ich habe selbst die vier Elemente von mehreren minderwertigen Körpern getrennt, so dass ich jedes einzeln erhielt, nämlich das Wasser, das Feuer oder die Erde; ich habe nach Möglichkeit jedes dieser Elemente, eines nach dem andern, gereinigt durch ein geheimes Verfahren und, als dies geschehen war, habe ich sie mitsammen verbunden und habe ein bewundernswertem Ding (quaedam admirabilis res) erhalten, das keinem der niederen Elemente unterworfen war; denn ich ließ es so lange wie möglich im Feuer und es wurde nicht von den Flammen verzehrt und wies keinerlei Veränderung auf. Seien wir also nicht erstaunt, dass die Himmelskörper unverweslich sind, denn sie sind gänzlich aus Elementen zusammengesetzt und es besteht kein Zweifel, dass der Stoff, den ich erhalten, großen Teil hatte an der Natur dieser Körper.

Deshalb drückt sich Hermes, der dreimal groß in der Philosophie genannt wird, aus wie folgt: Es war mir eine Freude ohnegleichen, zur Vollendung meines Werkes zu gelangen und die Quintessenz vor Augen zu haben ohne jede Beimischung des Stoffes der niederen Elemente.

Ein Teil Feuer besitzt mehr potentielle Energie als hundert Teile Luft und daher kann ein Teil Feuer leicht tausend Teile Erde bezwingen. Wir wissen nicht, nach welchem absoluten Gewichtsverhältnis die Vermischung dieser Elemente sich vollzieht; in der Ausübung unserer Kunst jedoch haben wir beobachtet, dass man, wenn die vier Elemente aus den Körpern herausgezogen sind und jedes einzeln gereinigt ist, bevor ihre neue Verbindung hergestellt wird, Luft, Wasser und Erde in gleichem Gewicht nehmen muss, während man nur den 16. Teil Feuer hinzufügt. Diese Verbindung ist dann aus allen Elementen gebildet, wenn auch die Eigenschaften des Feuers über die der andern vorherrschen, denn wenn man einen Teil davon auf tausend Teile Quecksilber wirft, wird man bemerken, dass es gerinnt und rot wird. Daraus erhellt, dass eine solche Zusammensetzung in der Essenz sich derjenigen der Himmelskörper annähert, verhält sie sich doch bei der Verwandlung nach der Art des wirksamsten aktiven Prinzips."

„Man kann bei den Steinen, wie bei allen anderen Dingen, drei Merkmale unterscheiden, nämlich: Die Substanz, die Art und die Wirkung. Wir können ihre Kräfte beurteilen nach den geheimen und sehr kräftigen Wirkungen, die sie hervorbringen, wie wir über die Kräfte der Natur und der Himmelskörper urteilen. Es ist auch nicht zu bezweifeln, dass sie gewisse Eigenschaften und die geheimen Kräfte der Himmelskörper besitzen und dass sie etwas von deren Substanz an sich haben; was aber nicht sagen will, dass sie aus der Substanz der Sterne zusammengesetzt seien, wohl aber, dass sie die sublimierten Kräfte der vier Elemente besitzen, denn gewisse Steine haben immerhin ein wenig von der Beschaffenheit der Sterne oder Himmelskörper an sich, was ich schon mit kurzen Worten bei der Betrachtung dieser Körper berührt habe."

„Nachdem ich die vier Elemente von gewissen Stoffen getrennt hatte, habe ich sie geläutert und, so geläutert, verbunden; ich erhielt dann einen Stein von so wunderbarer Wirkungskraft und Beschaffenheit, dass die vier derben und niederen Elemente unserer Sphäre gar keinen Einfluss mehr darauf hatten.
Von diesem Verfahren spricht Hermogenes (der Vater, wie ihn Aristoteles nennt, der dreimal groß war in Philosophie und der alle Wissenschaften kannte, sowohl in ihrem Wesen wie in ihrer Anwendung), wenn er von diesem Verfahren sagt: Es war für mich das größte Glück, die Quintessenz von den niedern Eigenschaften der Elemente befreit zu sehen.
Es erscheint also offenkundig, dass gewisse Steine etwas von der Quintessenz an sich haben, was bestimmt und augenfällig wird durch das Verfahren in unserer Kunst."

„Die Metalle werden von der Natur gebildet, jedes nach der Beschaffenheit der Planeten, der ihm entspricht; und so muss auch der Künstler verfahren.
Es gibt sieben Metalle, wovon jedes etwas von einem Planeten an sich hat, nämlich: Das Gold, das von der Sonne kommt und deren Namen trägt; das Silber vom Mond; das Eisen vom Mars; Quecksilber vom Merkur; das Zinn vom Jupiter; das Blei vom Saturn; das Kupfer und das Erz von der Venus. Diese Metalle tragen überdies die Namen ihrer Planeten."

„Die Verwandlung der Metalle kann künstlich geschehen durch die Veränderung der Substanz eines Metalles in die Substanz eines anderen; denn, was an latenter Kraft vorhanden ist, kann sich offenbar in sichtbare Form und Tätigkeit umsetzen; Aristoteles oder Avicenna sagen: Die

Alchimisten wissen, dass die Arten niemals wahrhaft verwandelt werden können, es sei denn, dass man sie auf ihren Grundstoff zurückführt. Diese Urmaterie aller Metalle kommt nun, nach einstimmigem Urteil, der Beschaffenheit des Quecksilbers sehr nahe. Aber obwohl diese Reduzierung zum größten Teil das Werk der Natur ist, so ist es doch nicht weniger möglich, der Natur auf künstliche Art nachzuhelfen. Dies ist nun freilich schwer und bei solchem Verfahren werden oft viele Fehler gemacht. Die meisten vergeuden ihre Jahre und ihre Kräfte umsonst und halten die Könige und die Großen dieser Welt mit leeren Versprechungen hin, die sie nicht halten können, da sie weder die irreführenden Schriften, noch die falschen, von Unwissenden geschriebenen Verfahren von echten unterscheiden können, und daher schließlich nur ein vollkommen wertloses Ergebnis erlangen."

„Außerdem wird derjenige, der das Werk in Habsucht ausführen will, nicht zum Ziele gelangen, sondern nur einer, der mit Weisheit und Urteilsfähigkeit zu Werke geht."

„Gott sei gelobt, der dem Menschen eine solche Macht verlieh, weil er als Nachahmer der Natur die natürlichen Spezies verwandeln kann, was die träge Natur erst nach unendlich langer Zeit bewerkstelligt."

„Man findet in anderen Büchern eine Menge unklarer und endloser Verfahren, die die Menschen höchstens irreleiten können und von denen es überflüssig ist zu sprechen. Nicht aus Habsucht habe ich die Wissenschaft betrieben, sondern, um die wunderbaren Wirkungen der Natur festzustellen und deren Ursachen zu erforschen, nicht nur die allgemeinen, sondern die speziellen und unmittelbaren, nicht nur die zufälligen, sondern die wesentlichen. Ich habe ausführlich darüber gesprochen, ebenso wie über die Trennung der Elemente von den Körpern."

„Auf Deine beharrlichen Bitten, lieber Bruder, nehme ich mir vor, Dir in dieser kurzen eingeteilten Abhandlung gewisse einfache und wirksame Gesetze unseres Verfahrens zu beschreiben, ebenso wie das Geheimnis der wahren Tinkturen; aber vorerst gebe ich Dir drei dringende Ratschläge:
1. Schenke den Worten der modernen oder der alten Philosophen, die diese Wissenschaft behandelt haben, nicht zu viel Aufmerksamkeit, denn die Alchimie beruht vollständig auf der Fähigkeit des

Verstehens und der durch die Erfahrung gegründeten Demonstration. Die Philosophen, in dem Bestreben, die Wahrheit der Wissenschaften zu verbergen, sprachen beinah immer bildlich.

2. Würdige noch schätze je weder die Vielgestaltigkeit der Dinge noch die aus verschiedenartigen Substanzen gebildeten Zusammensetzungen; denn die Natur erzeugt nur Gleiches aus Gleichem, und obschon das Pferd und der Esel das Maultier erzeugen, so ist dies doch nicht weniger eine vollkommene Generation, als diejenige, die zufällig ausnahmsweise aus mehreren Substanzen entstehen kann.

3. Sei nicht schwatzhaft, sondern überlege Deine Worte und als kluger Mann wirf die Perlen nicht vor die Säue. Behalte stets den Zweck im Auge, zu dem Du das Werk unternommen hast. Nimm für bestimmt an, dass, wenn Du dieser Regeln, die mir von Albertus Magnus gegeben wurden, stets eingedenk bist, Du bei Königen und Großen der Welt nichts zu betteln haben wirst, sondern dass die Könige und die Großen Dich mit Ehren überhäufen werden. Du wirst von allen bewundert werden, da Du durch diese Kunst den Königen und den Prälaten dienst; denn Du wirst nicht für ihre Bedürfnisse sondern auch für die aller Armen sorgen können, und was Du so gibst, wird in der Ewigkeit ebenso viel wert sein wie ein Gebet.

Möchtest Du also diese Regeln im Grunde Deines Herzens bewahren unter einem dreifachen, unverletzlichen Siegel; denn in meinem andern, der Allgemeinheit gegebenem Buche habe ich als Philosoph gesprochen, während ich hier, auf Deine Verschwiegenheit vertrauend, die verborgensten Geheimnisse enthüllt habe."

„Wie Avicenna in seiner Epistel an König Assa lehrt, suchen wir mittels mehrerer völlig ineinander aufgegangener Substanzen eine wahrhafte Substanz zu erhalten, die, ins Feuer gebracht, dasselbe unterhielte und nährte und außerdem leicht eindringend und durchdringend wäre und Quecksilber und die anderen Körper färben würde; wahrlich eine sehr vortreffliche Tinktur, die die erforderliche Schwere hätte und durch ihre Vorzüglichkeit alle Schätze der Welt übertreffen würde.

Um diese Substanz herzustellen, muss man, wie Avicenna sagt, Geduld, Zeit und die nötigen Instrumente haben.

Geduld, weil nach dem Alchemisten „Geber" die Überstürzung ein Werk

des Teufels ist. Auch muss der, der keine Geduld hat, jede Arbeit aufgeben.
Zeit, weil zu jedem natürlichen Vorgang der sich bei unserer Kunst ergibt,
Mittel und Zeit genau bestimmt sind.

Instrumente bedarf man nicht vieler (!), wie man in der Folge sehen wird,
weil sich unser Werk mittels eines Dinges, eines Gefäßes, auf eine einzige
Art und mit einem einzigen Verfahren vollzieht, wie Hermes lehrt.

Man kann die Medizin aus mehreren zusammengeballten Stoffen
herstellen; nötig ist jedoch nur eine Materie und kein fremder Körper, es sei
denn weißes oder rotes Ferment.

Das ganze Werk ist rein natürlich, es genügt, die verschiedenen „Farben"
zu beobachten je nach der Zeit, in der sie erscheinen."

Weitere Bücher aus dem Christof Uiberreiter Verlag:

Das goldene Blatt der Weisheit
Seila Orienta/Franz Bardon

Zum ersten Mal in der okkulten Literatur wird die 4. Tarotkarte des Hermes Trismegistos verständlich beschrieben und offengelegt. Sie beinhaltet unbekannte Konzentrations- und Meditationsübungen. Des Weiteren gibt sie Hinweise und erklärt die Unterschiede zwischen Magie und Mystik und Gefahren des einseitigen Weges. Am Ende steht die Verbindung mit der universellen Gottheit, dem Herrn der Sonnensphäre, welcher quabbalistisch „Metatron" genannt wird.

*

5. Tarotkarte – Mysterien des Steins der Weisen
Seila Orienta/Franz Bardon

Dieses Buch stellt die Vorderseite der Alchemie dar, die die einzelnen praktischen Übungsschritte erklärt, ohne die verschlüsselten Mystifikationen der alten Alchemisten auch nur annähernd zu erwähnen, wie man es aus den anderen Büchern des Franz Bardon kennt. Es wird erklärt, dass ohne vollkommene Beherrschung der 4 Elemente keine Alchemie möglich ist. Des Weiteren wird mit den einzelnen Ebenen, mit den Matrizen, dem elektromagnetischen Fluid usw. gearbeitet. Doch der Hauptpunkt stellen die göttlichen Eigenschaften wie z. B. die Allmacht dar, mit denen der Göttliche Stein der Weisen durch gewisse Übungen geladen wird.

*

Talismanologie und Mantramkunde
Seila Orienta/Franz Bardon

Zum ersten Mal werden hier (magisch) geladene Mantrams – Gebetssätze – preisgegeben, welche bei nötiger Reife, Ausgeglichenheit und Reinheit durchdringende Erfolge versprechen. Mantrams sind ja nach Bardon nicht irgendwelche „Suggestionssätze", sondern sie sind Ideenausdrücke, mit denen man mit Mächten, Kräften, Eigenschaften, also Gottheiten, in Verbindung kommen kann. Gleichzeitig werden die dazugehörigen Siegelzeichen der göttlichen Ideen preisgegeben, welche im rituellen

Zusammenhang mit den Mantrams stehen. Ein Buch, dass nicht nur die Hermetiker, sondern auch die Anhänger der Yogawissenschaften inspirieren wird!

*

Eine Sammlung der schönsten und lehrreichsten Beschwörungsgeschichten
Hohenstätten

Dieses Buch ist einzigartig, denn es zeigt den zweiten Band von Franz Bardon an Hand von interessanten Evokationsberichten, die genau das bestätigen, was Bardon in seinem Buch geschrieben hat, und noch darüber hinaus. Es werden sensationelle Erlebnisse geschildert, die man sonst niemals findet. Auch aus unveröffentlichten Schriften wird zitiert.

*

Verkörperungen des Meister Arion
Hohenstätten

Man wird beim Lesen dieses Buches nicht glauben, wie viele bekannte und unbekannte Inkarnationen Franz Bardon hatte. Die paar, die im „Frabato" bekannt gegeben wurden, stellen nur einen geringen Teil seiner Verkörperungen dar. Wir mussten, da es dermaßen wenig Literatur über die Verkörperungen gab, wieder hunderte und aberhunderte von Büchern, Aufsätzen, Zeitschriften und Artikeln durcharbeiten, bis wir genügend Material für dieses Buch hatten. Aber der Leser wird sich beim Lesen sicherlich über unsere Arbeit freuen, denn sie wird ihn in Erstaunen versetzen!

*

Shamballa, der goldene Tempel des Lichts
Hohenstätten

Dieser Tempel dürfte jeden Leser von Bardons Roman „Frabato" fasziniert haben. Dass es aber in der okkulten Literatur noch viel mehr Informationen darüber gibt, die man aber nur findet, wenn man alles Veröffentlichte gelesen hat, dürfte dem einen oder anderen unbekannt sein. Es wurden wieder ganze Stöße von Büchern durchgesehen und das Ergebnis wird hier veröffentlicht. Es wird aber gleichzeitig darauf hingewiesen, wie viel Schundliteratur es darüber gibt, wie viel Lügen im Umlauf sind, damit sich der Schüler der Hermetik ein klares Bild machen kann. Wir bringen in

101

diesem Buch alles, was wir an Material darüber gefunden haben und es wird auch noch einiges aus der eigenen Erfahrung, was das Wertvollste ist, mitgeteilt. Nicht nur über den Tempel wird berichtet, sondern auch über die damit verbundene „Bruderschaft des Lichts", dessen Sitz er darstellt.

*

Auf der Suche nach Meister Arion
Hohenstätten

Diese Autobiographie eines Schüler der Hermetik des Franz Bardon schildert sein magische Leben, in welcher zahlreiche Erfahrungen zu den Übungen aus dem Adepten geschildert werden, die die Hauptperson selbst erlebt hat. Es wird der schwere Weg des Adepten aus autobiographischer Sicht gezeigt, seine vielen Tiefschläge, aber auch seine glanzvollen Seiten und Zeiten. Der harte Kampf mit dem Seelenspiegel wird bis in alle Einzelheiten aufgezeigt, genauso wie die vielen anderen Wege, in welche der Autor reinschnupperte, um dadurch reichlich Erfahrung sammeln zu können. Darüber hinaus enthält es unzählige Erfahrungen und Berichte betreffs Mantramistik nach Bardon, die wahre Runenmagie, zahlreiche Evokationen sowie Invokationen mit seinem Lehrer Anion, einen magischen Exorzismus, wie er bisher noch nie öffentlich geschildert wurde. Mentalreisen, Beeinflussungen, Übungen zur Gottverbundenheit, Erscheinungen, Alchemie, Heilungen mit den verschiedensten magischen Methoden z. B. Quabbalah oder durch die Elemente, Schutzgeistevokationen und viele andere magische „Wunder" seines Freundes und Lehrers Anion. Auch einige magische Fotos in Farbe, ein bisher von Bardon unveröffentlichtes Akashafoto von Christus und ein Bild des schwebenden Meister Arion werden in diesem Buch preisgegeben. Der Inhalt ist viel reichlicher, als hier kurz beschrieben werden kann.

*

Magisches Gleichgewicht
Hohenstätten

Dieses Buch zeigt eindeutig, dass in allen anderen Systemen das „Gleichgewicht" genauso gebraucht wird, wie bei Bardons Werken. Er war nicht der Einzige, der das erwähnte, aber er war der erste, welche es deutlich erklärte, denn die anderen Systeme sprachen nur durch das Symbol, welches nicht jedem Leser verständlich war. Obendrein bringen wir noch Unveröffentlichtes vom Meister Arion zu dieser Grundlage der magischen Entwicklung.

*

Das Leben und die Erfahrungen eines wahren Hermetikers
Seila Orienta

Diese Autobiographie eines Magiers ist unübertroffen, denn bis jetzt hat kein einziger, okkult Geschulter, so offen und ehrlich gesprochen wie Seila Orienta. Er gibt in diesem Werk sein Leben bekannt, sowie seine zahlreichen und äußerst interessanten Erlebnisse und Erfahrungen. Es werden auch zum ersten Mal Fotos von Wesen der Sphären gezeigt, welche Franz Bardon höchstpersönlich in den 20ern gemacht hat. Des Weiteren schreibt Seila Orienta über die Sphären, über Dämonen, Logenkontakte und vieles, vieles mehr, was einem ehrlich strebenden Hermetiker das Herz übergehen lassen wird.

*

Das Leben des Franz Bardon
Hohenstätten

Dieses Buch beschreibt das Leben des Meisters außerhalb des Frabatos, welches seine Sekretärin – Otti V. – geschrieben hat. Es beinhaltet Erklärungen zu seiner „Biografie", weitere Einzelheiten über den Kampf mit der FOGC, seine Beziehung zu Wilhelm Quintscher und anderen Okkultisten, was alles bisher unbekannt war! Des Weiteren werden viele Erlebnisse seiner Schüler in Prag erzählt, verschiedene magische Leistungen und interessante Geschichten Bardons beschrieben, die bis dato unveröffentlicht sind. Es werden auch seine drei Lehrwerke und deren Wirkung auf die Öffentlichkeit von einem anderen, unbekannten Standpunkt geschildert, welcher durch bisher schwer zugänglichen Schriften unterstützt wird. Als Krönung wird seine aus dem tschechischen übersetzte „Runenschrift" zum ersten Mal veröffentlicht. Auch einige Seiten aus anderen unveröffentlichten Schriften von ihm sowie interessante Fotos des Meister Bardon und seiner Freunde werden hier preisgegeben und vieles, vieles mehr.

*

In Verbindung mit der Gottheit
Hohenstätten

Über das Thema der Gottverbundenheit mit all seinen Formen und

Methoden wurde bis heute noch nie ein Buch verfasst geschweige denn eine Schrift geschrieben. Man findet in der okkulten wie in der östlichen Literatur nur spärliche Hinweise, die größtenteils verschlüsselt sind oder so geschrieben wurden, dass man sie kaum versteht. Im Gegensatz dazu wird in diesem Buch offen dargelegt, dass das 1. kleine Arkanum der 78 Tarotkarten die Gottverbundenheit in ihrer Reinform darstellt.

*

Hermetische Heilmethoden
Hohenstätten

Dieses Buch stellt in der okkulten Literatur ein absolutes Unikum dar, denn über die Gesamtheit der okkulten Heilmethoden wurde bis jetzt noch NIE etwas Sinnvolles geschrieben. Es werden alle Heilmethoden erwähnt, die der hermetische Schüler mit Hilfe seiner bisher erlangten Konzentrationsfähigkeit ausüben und verwenden kann.

*

Erste hermetische Zeitschrift

„Der hermetische Bund teilt mit" ist eine der wenigen magisch-mystischen Zeitschriften, welche sich soweit als möglich auf die universelle Lehre von Franz Bardon bezieht. Sie versucht sich an die Gesetze des 4-poligen Magneten zu halten und vermittelt Wissen sowie Hinweise für die Praxis, damit der Leser die Möglichkeit hat, sie in seinen hermetischen Weg aufzunehmen und für sich gewinnbringend zu verarbeiten.

Noch viel mehr hermetische Literatur finden Sie auf unserer Website: http://www.hermetischer-bund.com.

Viel Vergnügen beim Stöbern!

Der Verlag